京城绘
山川风物

图解北京的自然

帝都绘工作室·著

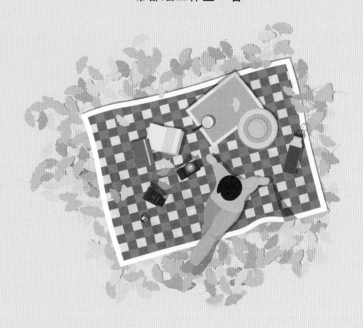

北京联合出版公司
Beijing United Publishing Co.,Ltd.

前言

"……在这儿我能感觉到我的存在，在这儿有太多让我眷恋的东西……"听着歌，你钻进地铁13号线的车厢，融入这座城市的人群中。列车从车站驶出，你望向窗外，路边围墙上的涂鸦短暂地吸引了你的目光，又很快被宽阔的马路和立交桥取代，远处的西山在鳞次栉比的住宅楼后时隐时现。列车在每站稍作停留，数不清的汽车从你脚下穿过，马路两侧的人行道上，形形色色的人朝着各自的目的地前进。会不会有那么一瞬间，你产生了一丝好奇——这座巨大的城市到底是怎样运转的？

北京，一座容纳着两千多万人口的城市。在这里，平均每天有超过400名新生儿诞生，约300对新人步入婚姻的殿堂，超过1000万人在全市27条地铁线路中穿梭，四千多场精彩或无聊的影片在影院上映，超过20000吨的生活垃圾被源源不断地制造、清运和处理……在这些数字背后，是一个庞大、复杂的系统，我们每个人所接触到的，往往是这个巨系统的一个小小局部。而城市中的其他部分，也许是离我们太远，或是太低调，有时还因为我们自己的粗心而不为我们所知。这有些可惜，因为当你发现这个巨系统中的每个部分其实都与你的生活密切相关时，很奇怪地，这个原本摸不到边际的庞然大物反倒显得小了、具象化了，而且可能会比你印象中的可爱一点儿。

这便是《京城绘》系列图书所希望实现的：用图像讲述这座城市里那些陌生的熟悉事。丛书的每一本将覆盖有关北京的一个主题，我们希望每位读者都可以从中读到自己的生活。尽管选题的着眼面较广，但《京城绘》并不以"百科全书"为目标，因为这座城市过于复杂，而且她还在快速地变化。所以，书中选择的，更多是有趣的、少为人知而又普遍相关的信息。这些信息最终以图像的形式呈现，因为图像具有悦目、充满细节、直观且具象的特点，可以作为理想的向导，带领你重新观察这座城市。

对于城市，我们常常会将目光聚焦在人工建造的部分，而有意无意地忽略它的背景——自然。大自然是最伟大的建筑师，而北京也是这位建筑师的杰作。生活在北京的人不可谓不幸运，因为北京除了超过1400平方千米的建成区之外，还有近15000平方千米的非建成区，在这片总计16410平方千米的土地上，耸立着海拔2000米以上的山峰，蜿蜒着总长超过6400千米的河流，滋养着超过5000种生物。大自然早已和北京城融为了一个整体。《京城绘·山川风物——图解北京的自然》将目光聚焦于北京城的自然环境上——北京有多少座超过2000米的山峰？北京的地下水有多深？北京的自然灾害是变多了还是变少了？北京最老的古树有多老？北京人更喜欢养猫还是养狗？答案就在本书的这三十余组图中。

本书的主要内容围绕五种典型的自然要素展开，这其中有些并不完全是大自然的产物，而是自然与人力的结合，例如水渠、公园等。相比于其他生物或自然地理类的书籍，这本书除了对自然景物本身进行介绍之外，更侧重于讲述这些自然景物与北京、北京人的关系，发掘自然景物背后的文化知识，我们也希望能够通过展示这些知识，激发你对这座城市更多的好奇与向往。需要说明的是，这本书的创作周期很长，但我们仍试图保证信息的时效性和准确性，如无特殊注明，本书所引用的信息均截至2020年底，而所依据的资料也大都源自官方文件及公开的正式出版物；但尽管如此，面对城市这个复杂和日新月异的巨系统，可靠的资料仍有可能与事实有所出入，我们所绘之图像也往往经过适当抽象、简化，因而难免产生纰漏，还请读者不吝指正。

帝都绘工作室

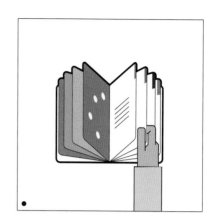

《京城绘·山川风物》按自然要素分为五个章节，其中每一幅图都是一个独立而有趣的故事，所以你不必从第一页顺序读起，而是可以跳到任何一个你感兴趣的话题，就像你在真实的城市中漫游一样。

如果你觉得每一页的内容太过散碎，摸不清逻辑，那么建议你先阅读每一章的章节页，它会让你对这一章的内容有一个整体的把握。

书中的每一幅图都是依据大量既有信息绘制的。如果你对某个主题特别感兴趣，不妨翻至书末，查阅参考文献进行扩展阅读。

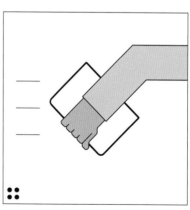

这本书并不是严谨的城市科学著作，但也隐含了许多值得深思的城市议题。希望你在合上它时，会发现自己好像有了一个观察北京的新视角。然后，别等了，快走出去，思考和感受她吧！

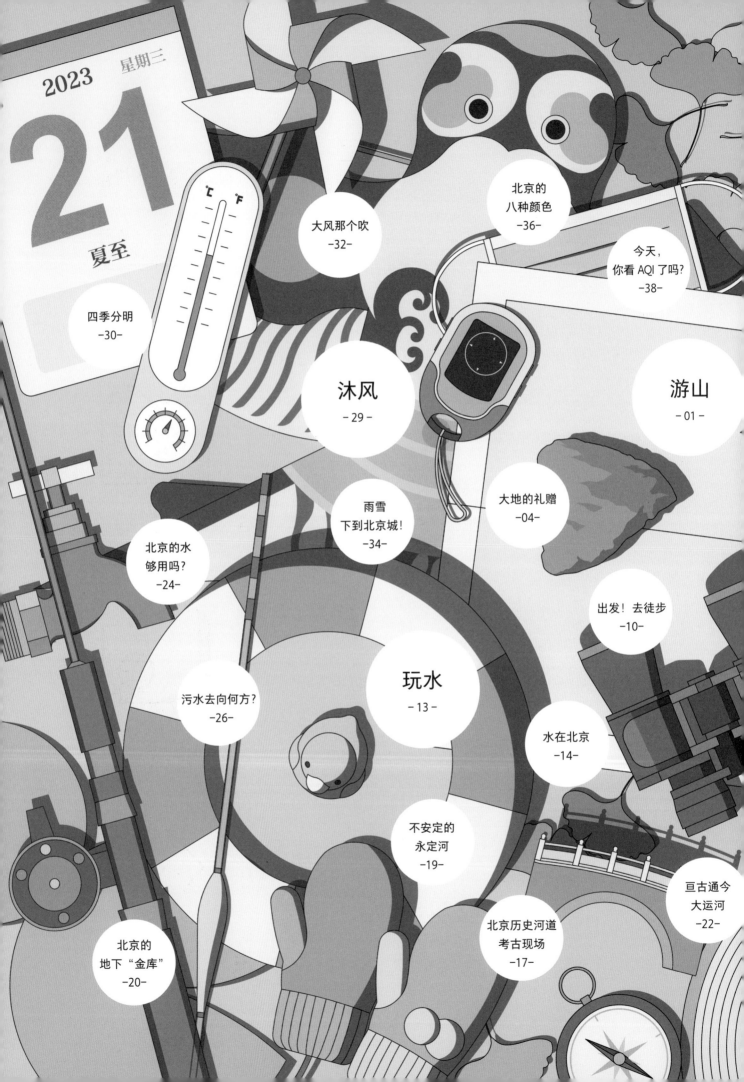

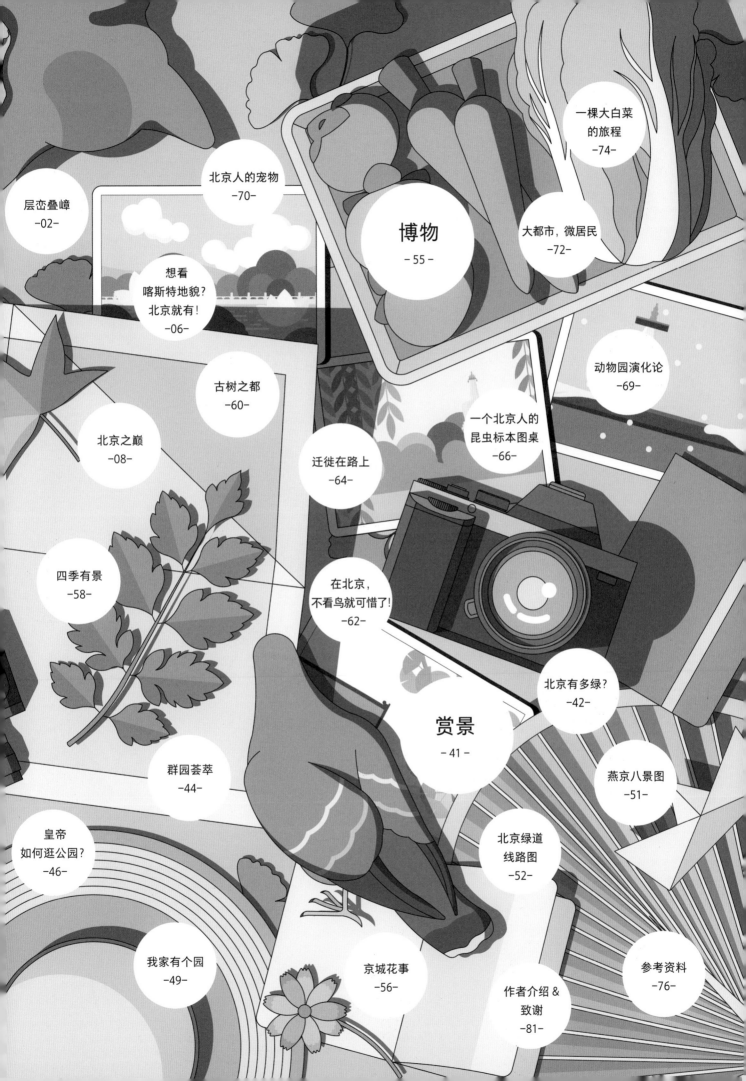

游山

如果你生活在北京，喜欢宅在家，且不住在视野开阔的高层的话，你很可能不会意识到——北京原来是一座多山的城市。

在北京 1.64 万平方千米的辖区范围内，山地面积占比竟然超过了 60%！将近 2/3 的土地都被山峦覆盖。这些大地的褶皱诞生于大约两亿年前一场规模宏大的地质运动，板块间的碰撞使大地剧烈抬升、弯折、撕裂，形成了最高海拔超过 2000 米的壮观山脉，如同屏障一般拱卫着北京城。

绵延的群山不仅为城市带来多样的地形，还带来了丰富的物产。你可能难以想象，北京的煤矿开采历史超过一千年，在距离天安门只有约 40 千米的地方，曾经是华北地区重要的煤矿开采地。除了煤矿，北京的地底下还蕴藏着几十种矿产资源和丰富的地热资源，可谓"家底殷实"。

在普通人眼中，北京的山区还是理想的旅游目的地。虽然绝对面积不大，但北京山区的景观相当丰富，悬崖、峡谷、溶洞、草甸样样都有，其中不乏全国乃至世界有名的奇景，吸引着热爱自然的游客前去一探究竟。

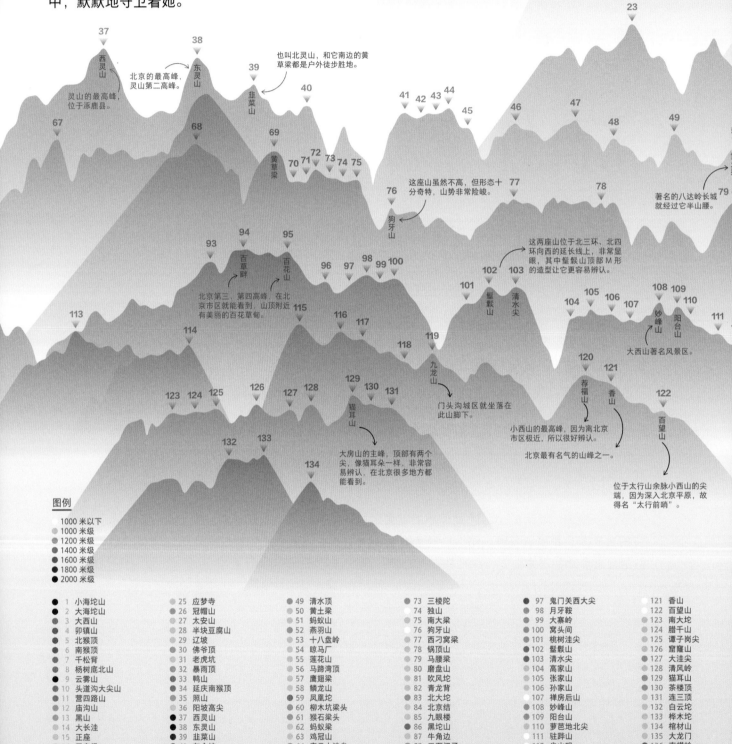

层峦叠嶂

当你站在北京城的高处眺望西北部的群山时，一定能感受到"层峦叠嶂"这个词的形象生动，因为这里的山就是一层一层的！上亿年的地质作用使北京的西、北、东三面，形成了脉络清晰、层次分明的山脉，这些山脉将北京城围合在一片"风水宝地"——"北京湾"中，默默地守卫着她。

紧挨着大海坨山，其头顶的白色（国家高山滑雪中心）是它最醒目的标志。

北京第二高峰，天气好时在北京城就可以看见。

灵山的最高峰，位于涿鹿县。

北京的最高峰，灵山第二高峰。

也叫北灵山，和它南边的黄草梁都是户外徒步胜地。

这座山虽然不高，但形态十分奇特，山势非常险峻。

著名的八达岭长城就经过它半山腰。

北京第三、第四高峰，在北京市区就能看到，山顶附近有美丽的百花草甸。

这两座山位于北三环、北四环向西的延长线上，非常显眼，其中鳌鬣山顶部 M 形的造型让它更容易辨认。

门头沟城区就坐落在此山脚下。

大西山著名风景区。

小西山的最高峰，因为离北京市区极近，所以很好辨认。

北京最有名气的山峰之一。

大房山的主峰，顶部有两个尖，像猫耳朵一样，非常容易辨认，在北京很多地方都能看到。

位于太行山余脉小西山的尖端，因为深入北京平原，故得名"太行前哨"。

图例

- 1000 米以下
- 1000 米级
- 1200 米级
- 1400 米级
- 1600 米级
- 1800 米级
- 2000 米级

1 小海坨山	25 应梦寺	49 清水顶	73 三棱陀	97 鬼门关西大尖	121 香山
2 大海坨山	26 冠帽山	50 黄土梁	74 独山	98 月牙鞍	122 百望山
3 大西山	27 太安山	51 蚂蚁山	75 南大梁	99 大寨岭	123 南大坨
4 卯镇山	28 半块豆腐山	52 燕羽山	76 狗牙山	100 窝头间	124 腊千山
5 北猴顶	29 辽坡	53 十八盘岭	77 西刁窝梁	101 桃树洼尖	125 谭子岭尖
6 南猴顶	30 佛爷顶	54 晾马厂	78 锅顶山	102 鳌鬣山	126 窟窿山
7 千松背	31 老虎坑	55 莲花山	79 马腰梁	103 清水尖	127 大洼尖
8 杨树底北山	32 暴雨顶	56 马蹄湾顶	80 磨盘山	104 高家山	128 清风岭
9 云雾山	33 鸭山	57 鹰翅梁	81 吹风坨	105 张家山	129 大黑林
10 头道沟大尖山	34 延庆南猴顶	58 鳞龙山	82 青龙背	106 孙家山	130 茶楼顶
11 营四路山	35 照山	59 凤凰坨	83 北大坨	107 禅房后山	131 连三顶
12 庙沟山	36 阳坡高尖	60 柳木坑梁头	84 北京结	108 妙峰山	132 白云坨
13 黑山	37 西灵山	61 猴石梁头	85 九眼楼	109 阳台山	133 桦木坨
14 大长洼	38 东灵山	62 蚂蚁梁	86 黑坨山	110 萝卜地北尖	134 棺材山
15 正座	39 韭菜坨	63 鸡冠山	87 牛角边	111 驻跸山	135 大龙门
16 平安梁	40 西灵山	64 密云大洼尖	88 二石门子	112 尖山咀	136 南横岭
17 八股山	41 芦子水	65 歪坨山	89 大石门子	113 卧洼山	137 梧桐树沟顶
18 槟榔山	42 坊安峪	66 平顶山	90 云蒙山	114 青杠尖	138 雾灵山
19 大黑尖	43 棋盘山	67 金树塔	91 黄花顶	115 鬈龙山	139 梨花顶
20 十八盘	44 广坨山	68 黄花岭	92 五座楼山	116 水峪东大尖	140 东指壶
21 大尖山	45 笔架山	69 黄草梁	93 大黑林	117 黄山	141 沟北岭东山
22 道虎窝南山	46 二道梁岗	70 大头庆	94 百草畔	118 铁坨山	142 四座楼
23 马鞍山	47 黄草梁	71 瓜曲山	95 百花山	119 九龙山	143 三座楼
24 青松顶	48 南天门	72 白铁山	96 老龙窝	120 荐福山	

4 卯镇山

5 北猴顶
6 南猴顶
怀柔境内的最高峰，位于北京喇叭沟原始森林公园。

9 云雾山
位于河北丰宁，密云区原址的东南方，密云的名字就是从这座山来的。

7
8

10
11
12 13
18
19
14
15
16
17
20
21
22
33
34
35
36

26
27 28
29
30 佛爷顶
位于延庆，也叫缙阳山，山顶有国家级气象站。
31 32 暴雨顶
据说这座山南坡常下暴雨。
59
58
51 52 53 54
55 57 56 凤凰坨
位于北京正北方向的高山，非常显眼，是万里长城途经的山峰。
60
61
62 63
64
65 66

86
81 82
83 84 85 北京结
万里长城从上面跨过，从这里往西分为内、外两层，这个相交点就命名为北京结。
87 88 89
黑坨山
这座山离北京近，而且高，因此非常显眼，在北京市的高处很容易看到。
90 云蒙山
北京著名的风景名胜区。
91
92
137
138 雾灵山
北京东北第一高峰，但主峰在河北兴隆境内。

135
136

139
140
141

142 四座楼
平谷境内的高山，山顶附近有四座长城的敌楼。
143

北京城

北

东

北京高山名册

很多人都不知道，北京绝大部分山峰都是有名字的，这里总结了北京市（含临近边界线）的 143 座山峰的名字和高度，下次再出去玩的时候，不妨试着找一找这些山！

军都山北支

军都山南支

燕山山脉

大西山

小西山

太行山脉

大房山

看懂北京的山

别看北京的山多，但它们分属于太行山脉和燕山山脉，而且分布挺有规律，基本都是东北—西南走向平行排列。这种排列方式也让北京的山看起来更有层次感。

上图将这些山按照离北京的远近依次排开。离北京越近的山，一般都比较矮，但平时接触的机会多，在城市里看到的机会也多；而离北京比较远的山则相对较高，人为干扰也比较少，更加原生态，但由于被近处的山脉遮挡，在城市里不太容易看见它们。

大地的礼赠

由于北京地区地质活动频繁，在地下形成了丰富的矿物资源，其中大部分蕴藏于北部和西部的群山当中。这里，我们把北京大地"切了三刀"，让你一窥里面的样子。

◆ 铁矿 　储量约 9.3 亿吨

密云和怀柔地区分布着北京最古老的太古宇岩层。复杂的地质作用使岩石孕育出铁矿、金矿等金属矿藏。北部和西部山区中广泛存在的岩浆岩也富含金属矿藏。

◇ 金矿 　储量约 6361 千克

北京采金历史悠久，至少在唐代时就已有采金人活动，清末黄金年产量甚至超过万两。在密云、平谷、昌平等地都能找到金矿的痕迹。

◇ 铜矿 　储量约 6.6 万吨

◇ 铅矿 　储量约 3.4 万吨

◇ 锰矿 　储量 2 万吨

◇ 银矿 　储量 419 吨

金属矿产

非金属矿产

◆ 地热 　储量 180 亿立方米，约合 110 亿吨标准煤发热量

指地面以下岩石和流体中的热能，是一种可再生的绿色能源。我们热爱泡温泉，也依赖地热提供清洁能源。随着固体矿山逐渐停产，地热将成为北京最重要的矿产资源。

◆ 煤矿 　储量约 21 亿吨

北京西部的山区盛产煤炭，这里有大规模的中生界地层，古代动植物遗骸转变成了今天的大片煤田。京西采煤史长达千年，而如今为了保护生态环境，北京的煤矿正在逐渐关停。2019 年大台煤矿停产之后，京西煤矿已经全部停产。

◇ 大理石 　储量约 3445 万立方米 约 0.9 亿吨

房山大石窝出产的汉白玉大理石，装点在故宫、天坛和天安门，静静见证着历史变迁。但大量采挖也给生态环境带来了负担。和煤矿一样，房山大理石矿也在逐渐关停，修复生态，向休闲公园转型。

◇ 花岗岩 　储量约 2.3 亿立方米

◇ 白云岩 （冶金用）　储量约 4 亿吨

◇ 石英岩 　储量约 1.9 亿吨

圆金梦国家矿山公园

延庆辽代矿冶遗址

海坨山

居庸关

京西北热田

◇ 延庆热田

大台煤矿　◇ 王平煤矿

灵山

长沟峪煤矿

◇ 大安山煤矿

百花山

大石窝汉白玉矿 ◇

* 本页数据主要来源于北京市规划和自然资源委员会发布的《截止 2020 年底北京市固体矿产资源保有资源储量统计表》

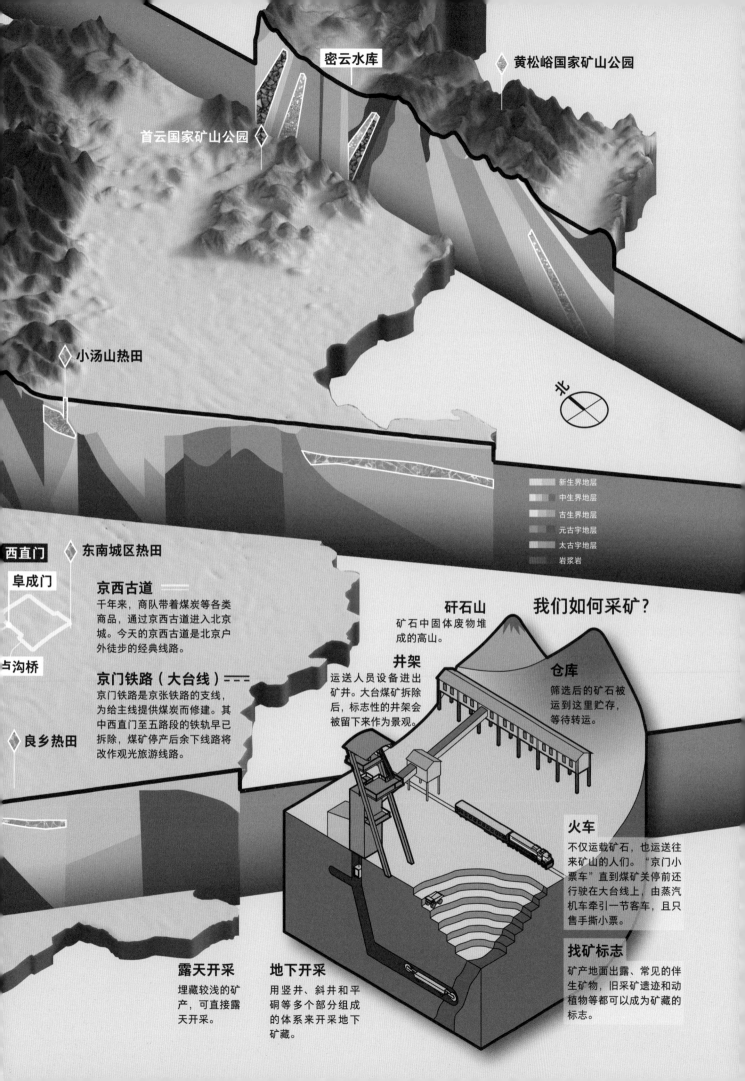

密云水库

黄松峪国家矿山公园

首云国家矿山公园

小汤山热田

北

新生界地层
中生界地层
古生界地层
元古宇地层
太古宇地层
岩浆岩

西直门

东南城区热田

阜成门

与沟桥

京西古道
千年来，商队带着煤炭等各类商品，通过京西古道进入北京城。今天的京西古道是北京户外徒步的经典线路。

京门铁路（大台线）===
京门铁路是京张铁路的支线，为给主线提供煤炭而修建。其中西直门至五路段的铁轨早已拆除，煤矿停产后余下线路将改作观光旅游线路。

良乡热田

矸石山
矿石中固体废物堆成的高山。

井架
运送人员设备进出矿井。大台煤矿拆除后，标志性的井架会被留下来作为景观。

仓库
筛选后的矿石被运到这里贮存，等待转运。

我们如何采矿？

火车
不仅运载矿石，也运送往来矿山的人们。"京门小票车"直到煤矿关停前还行驶在大台线上，由蒸汽机车牵引一节客车，且只售手撕小票。

找矿标志
矿产地面出露、常见的伴生矿物，旧采矿遗迹和动植物等都可以成为矿藏的标志。

露天开采
埋藏较浅的矿产，可直接露天开采。

地下开采
用竖井、斜井和平硐等多个部分组成的体系来开采地下矿藏。

想看喀斯特地貌？
北京就有！

喀斯特地貌，又叫岩溶地貌，是指具有溶蚀力的水对可溶性岩石进行溶蚀、沉淀等作用所形成的地表和地下形态。喀斯特地貌一般发生在碳酸盐岩分布地区，每当具有弱酸性的雨水或地下水与碳酸盐岩接触时，就会有少量碳酸盐溶于水中，慢慢形成崎岖破碎的奇观。

北京已知的岩溶洞穴其实有一百多个，但规模最大的当数石花洞。石花洞位于北京房山，洞内景色壮观神奇，被誉为紫禁城外的地下宫殿。我们将石花洞内已知的全部结构绘制成立体图，让你一睹这座地质奇观的全貌！

石花洞是怎么形成的

大约在四亿年前，这里曾是汪洋大海。海底沉积了大量的碳酸盐类物质。经过一系列复杂而持久的地壳运动，海洋上升为陆地。

西山形成后，石花洞正好处于断裂发育带上，断裂构造使地层发生顺层错动，为地下水的流动与洞穴发育创造了条件。在漫长的岁月中，这里的碳酸盐逐渐被地下水切割和侵蚀，形成了千姿百态的岩溶洞穴。

同时，这里还发生过多次地壳抬升运动。每一次区域构造发生抬升，都导致区域侵蚀基准面下降，进而在下方形成一个新的洞道，最后，石花洞慢慢发育成现在这样的多层多支的溶洞。

晶花

石盾

石旗

石花洞有几层？

对于石花洞的分层问题，不同学者看法不一。1996年王秉军等学者在著作中将石花洞分为七层，但没有给出具体的划分标准和各层高度。后来吕金波等学者根据区域地质调查的永定河河流阶地记录，认为房山地区存在的八级阶地和石花洞洞穴系统发育对应，并据此将石花洞分为八层。这张图采用的是刘宏等学者的观点，将石花洞划分为五层。不同判断的原因主要是由于我们对石花洞最底部的地下河洞道知之甚少。

第一层 平均海拔 211 m 长度 835 m

第二层 平均海拔

第三层 平均海拔

西 —— 东
0   50   100m

这一段算不算单独一层也比较有争议。本图依从一些专家的观点，将它算作过渡层，归于第二层中：一方面因为它洞道长度仅 100 余米，不及系统水平长度的十分之一；另一方面从洞穴发育演化看，它的形成也与第二层的发育具有一定的连续性。

多姿多彩的洞穴奇观其实是不同化学沉积过程的产物，按类型可分为五种：

滴水沉积：例如石钟乳、石笋、石柱
流水沉积：例如石幔、石瀑布、石旗
渗透水沉积：例如石盾、石枝、石针
停滞水水下沉积：例如穴珠、莲花盆、月奶石
飞溅水沉积：例如石珊瑚、石葡萄

第四层 平均海拔 111 m 长度 1582 m

第五层 平均海拔 95 m 长度 1638 m

观察两层洞穴之间的连接处就可以感受到地壳构造抬升期的快速程度。在石花洞发育经历的四次构造隆升中，第二次相对最为缓慢和复杂，形成 2~3 层间的过渡层。而其余三次相对较快速，层之间以较窄的洞道连接。

最底层洞穴中仍存在许多地下水，溶蚀作用还在不断进行。

石幔

m 长度 487 m

098 m

云盆

石火炬

石瀑布

月奶石

杆状石笋

武陵源迷宫洞
玉屏翠影
蓬莱仙岛
鲤鱼戏水
仙翁观瀑
后宫仙帐
迷宫式水帘洞
花果山水帘洞
天门异洞
仙女摘桃通天洞
瑶池石莲
蟠龙玉柱
奇洞仙居
西湖灵隐寺
老君堂
竹篱茅舍

石花洞洞口
出口
上下通道
雄狮迎客
路南石林
仙翁孔雀
明代石佛
露滴石笋
仙宫别院迷宫洞
休息大厅
光明洞天
翠竹丛生
梅竹芳林
玉龙白马
台壁支洞
天笋石林
灵霄宝殿
玉井浇仙田
群仙赴会
龙田长城
龙田竹篱
凌虚阁

观音洞
百乐门
灊江口二郎真君
秘宝花房
金塔银佛山
银锥剑库
迎门玉柱
海螺壁
水帘洞
五指笋潭
石笋长城雄鹰
灵山仙境

1
3
1
2
7 8
6
翠云宫
大戏台
仙人镜
9 悬空寺
玉柳垂荫
兴岭雪松
群峰竞秀
南湖倒影
玲珑宝塔
石幔大竖琴
幽宫龙潭
仙女绣花台石盾

陷口平型关
金山寺
乳笋联生蘑菇石笋
长廊壁塔

1 壁流塔林　6 玉花台
2 江南春早　7 定海神针
3 塔峰峥嵘　8 龙王宝库
4 金银山　　9 野猪林
5 玉花千堆

月奶石是一种乳白色沉积物，由极细的、多种成分的晶体集合而成，含水分很高，在湿的时候质地像糊状的奶酪一样，干的时候则像粉末。

从第五层以下就是地下河洞道。理论上，地下河洞道可以分为地下河层与季节性河道。但石花洞中，这两者区分并不明显。石花洞的地下河洞道明暗相间出现，明水段水位接近地下水位，雨季时地下水位上升，本来的旱洞成为季节性水道。因此，一些学者不再把石花洞第五层进一步细分，本图也采取了这种观点。

北京房山世界地质公园

其实石花洞景区只是北京房山世界地质公园壮丽景观的一部分。房山地质公园拥有非常丰富的地质遗迹资源，记录了中国华北地区数十亿年以来各个地质年代中地质形态的生动变迁。

在这里不仅可以看到石花洞溶洞群等北方地区半干旱半湿润温带型喀斯特景观；震惊世界的周口店北京人遗址，考察古人类活动的重要发祥地；也可以领略中国东部地区中生代造山运动——燕山运动的地质遗迹；还可以欣赏到漫长历史岁月遗留下来的各种古建筑、石窟石刻、古墓葬等多处文化景观资源，比如以石刻佛经闻名世界的云居寺、中国古代塔建艺术的精品——辽代昊天塔，以及明代长城中保存较好的白石山长城。

● 百花山－百草畔
● 圣莲山
● 石花洞
● 野三坡
● 十渡
● 上方山－云居寺
● 周口店
● 白石山

1
2
3
4
5
6 7
8

北京市房山区
河北省保定市涞水县
河北省保定市涞源县

北京之巅

东灵山和大海坨山是北京最高的两座山，海拔高度均超过了 2000 米，雄踞在北京的西部和北部边界线上。由于海拔高，气候寒冷，这里孕育出了北京难得一见的亚高山草甸自然景观，滋养了数百种珍稀动植物，还是古代圣贤朝圣、修炼的场所，甚至与冬季运动结下了不解之缘……

▲▲ 海坨山

▲▲ 东灵山

北京的屋脊——东灵山

东灵山位于北京最西端的边界线上，海拔高达 2303 米。因为高海拔的缘故，这里四季的气候和北京城区差异很大，夏天的气温能差出 10~12 摄氏度，可谓名副其实的京郊避暑胜地。

灵山的植被类型随海拔高度的上升而变化。其中最为著名的是 1700 米以上的亚高山草甸，是新疆细毛羊、伊犁马、青藏牦牛等高原物种在北京唯一的天然养殖场。

灵山的 5 座山峰中只有东灵山在北京界内，故北京人说的灵山一般指东灵山。灵山的美景可概括为"一烟二洼五坡"。"一烟"指南烟沟，因风起沟壑间如烟雾而得名；"二洼"指高叫洼和九龙洼：高叫洼因空谷回音而得名，九龙洼则因山势形似九条巨龙，盘伏于高山草甸之间而得名；"五坡"指黄花坡、韭菜坡（即韭菜山）、杜鹃坡、刺玫坡和榛子坡，均以当地特色野生植物来命名。

为草甸疗伤

灵山自 20 世纪末就是京西旅游胜地，独特的亚高山草甸吸引着络绎不绝的游客。但曾经百草丰茂的灵山草甸如今却沟壑纵横，稀疏的草地斑驳成块。灵山的草甸退化缘于马拉游客项目。马蹄的践踏使青草被连根掀起，马粪对土壤也有腐蚀作用。同时，这里还存在着过度放牧、游客破坏植被等现象，使得区域群落高度降低、物种组成改变，植被盖度快速下降，结果是灵山生态遭到破坏，地表裸露十分严重。

为了给灵山的草甸疗伤，灵山风景区于 2014 年开始数次关停，并采取了一系列封育治理的措施：首先从山下运来新的土壤，并添加有机肥料、微生物菌剂、土壤黏结剂、固态保水剂等，来促进植被修复；同时还在周围修建了围堰、挡墙、引流渠等设施，减少水土流失。

经过多年的治理，灵山草甸区域的物种数量已呈现上升趋势，植物群落结构逐渐清晰，并开始朝着正向演替的方向发展。

西灵山　　　　　西大义尖　　　　　东灵山　　白古寺山　　黄花梁　　　　　韭菜山

千里灵山图

北

下马威　灵山古道　洪水口村　　江水河村　灵山北京侧入口　　　龙门涧

北京的雪山——海坨山

海坨山位于北京延庆与河北赤城的交界处，由大、小海坨两座山峰组成，大海坨山海拔2241米，是北京的第二高峰。

由于海坨山位置靠北，气候寒冷，山上平均气温常年比北京城区低13摄氏度左右，初雪时间非常早，雪期长，每年四五月的时候甚至会出现山下山花烂漫、山顶白雪皑皑的神奇景观，人称"海坨戴雪"。

和灵山一样，海坨山的植被也呈垂直分布，具有典型的暖温带山地森林生态系统，在华北地区具有很强代表性。其中黄檗、胡桃楸、野大豆、刺五加为国家重点保护植物。在海坨山两座山峰之间海拔1800米以上的山脊上，有一大片南北向的平坦草甸，每到夏天，这片草甸上的野花次第开放，特别是成片开放的胭脂花，景色相当壮观。除了胭脂花之外，草甸上还可以看到金莲花、黄花菜、地榆、拳参、山丹等植物。

不光是植物，海坨山也是候鸟们迁徙的必经之地，还是中华斑羚、豹猫等珍贵野生动物的乐土家园。

黄草梁

奥心楼

① 滑降、超级大回转赛道 C1，B1
② 大回转赛道 G1
③ 混合团体赛道 D2
④ 速度项目训练道 F1
⑤ 团体项目训练道 D3
⑥ 技术项目训练道 E1，G2

海坨山与冬奥会

中国为了承办2022年北京冬奥会，在北京延庆小海坨山区兴建了国家高山滑雪中心。高山滑雪是冬奥会的标志性运动项目之一。参赛者以高达152千米／小时的速度在蜿蜒的赛道上滑行和急转弯，非常惊险刺激。国家高山滑雪中心共建设7条雪道（上图中将回转训练道 E1和大回转训练道 G2 合并），全长约9.2千米，最大垂直落差超过900米，是国内第一批符合奥运标准的高山滑雪赛道，也是目前世界上难度最大的高山滑雪比赛场地之一。此外，国家雪车雪橇中心、延庆冬奥村和山地新闻中心也都建在小海坨山南麓。

2022 北京冬奥会、冬残奥会延庆赛区项目

高山滑雪　　雪车　　雪橇　　残奥高山滑雪

出发！去徒步

如果眼前的城市景色已经不能满足你对壮丽景色的向往，如果你觉得乘车在蜿蜒的盘山公路上行驶离自然还是太过遥远，如果你愿意用双脚征服一座又一座巍峨的大山，那么告诉你一个好消息，北京是一座徒步资源非常丰富的城市，而且你现在获得了一份北京徒步的入门指南。
走，我们出发吧！

西大墙　鹰飞倒仰　将军守关
旧水坑村
北京结　天梯
1000 m
500 m

3. 箭扣长城环线

箭扣长城环线可以说是北京最刺激的长城穿越路线之一。这里有葱郁的绿色、陡峭的城墙和壮美的怀柔群山。如果说"三峰连穿"是体力和耐力的挑战，那"箭扣穿越"必是一场攀爬能力和勇气的挑战。

1000 m
好汉坡
碧云寺
南马场水库　翠微绝顶
灵光寺
500 m
老望京
三岔口　挂甲塔　香炉峰
5.0 km
10.0 km
0
2.5 km

挂甲塔
南马场水库
翠微绝顶
起点
香炉峰
14.8km
终点
八大处公园

1. 香巴拉 ★

对于北京的很多驴友和徒步者来说，这条线路是很经典的一条入门拉练线路。有人说，如果你可以一天沿着这条线路走两个来回，才算是一个合格的驴友。"香巴拉"一词本是藏传佛教传说中的理想圣土，这里指的是"香山到八大处拉练"。徒步者把这条线路起名香巴拉，也是因为这里四季景色如画，如极乐天堂一般。

1500 m
妙峰山顶
阳台山顶
萝芭地北尖
望京楼
1000 m
鹫峰
大觉寺
棋盘石
三界碑
天池
娘娘庙
500 m
0
5.0 km
10.0 km
15.0 km

2. 三峰连穿 ★ ★ ★ ★

这条线路几乎是北京最热门的徒步线路之一，因其一次性穿越三座千米以上高峰（有时被称为"京西三峰"）而得名。同时，这条线路途经北京的三个市辖区——门头沟、海淀和昌平，沿途就能路过三座市界碑。但这条线路最特别的地方可能是妙峰山巅的碧霞元君祠（娘娘庙）。碧霞元君是中国民间信仰中众多的神明之一，而这座娘娘庙也曾经是中国北方地区的祭祀圣地。一年一度的娘娘庙会曾经远近闻名，号称"香火甲于天下"。每周末总会有许多户外运动组织举办"三峰连穿"的部分或完整路线的徒步活动，也有不少赛事活动会在这条线路沿途展开。

主峰东灵山

草甸

下马威

"北京第一峰"碑

2500 m

2000 m

7.5 km

5.0 km

10.0 km

线路在这里！

★ ★ ★

1000 m

旧水坑村 起/终点

长城大墙

北京结

鹰飞倒仰

天梯

8.2km

4. 灵山穿越 ★ ★

海拔 2303 米的东灵山有着北京罕见的亚高山草甸景观，更有草地上放养的牦牛。夏季在这里徒步不仅可以享受到凉爽清新的空气，更可以欣赏千亩林海的自然风光，无可比拟。

"北京第一峰"碑

终点

主峰东灵山

9.2km

草甸

起点

下马威

0

21.0975km

500 m

古村落

圈门村

王平村

石桥

马蹄窝

10.0 km

20.0 km

5.0 km

5. 京西古道 ★

今天，国道和高速公路将北京与山西、内蒙古紧密相连。但在古代，穿越太行的京西古道才是连接北京和这些地区的交通命脉。其中的王平古道在南北朝前就已经存在，是运煤的驼队进京的必经之地。虽然这些古道很大一部分已经被平坦的柏油路取代，但徒步其上，我们依然可以领略它所承载的辉煌文化。

起点

王平村

12.5km

终点

圈门村

石桥

马蹄窝

三界碑

阳台山顶

天池

妙峰山顶

娘庙

萝芭地北尖

21.2km

鹫峰

望京楼

起/终点

大觉寺

徒步须知

1. 个人身体准备，量力而行
2. 了解线路和天气情况
3. 徒步装备准备
4. 徒步过程注意事项
（在徒步起点，先做一组拉伸。在徒步路上，选择和自己体能接近的伙伴一起，保持适合自己的节奏。喝水宜少量多次。在徒步终点，也最好做一组拉伸。）
5. 徒步后恢复

* 出发前请关注当地的旅游信息。不进入未开放地区（如箭扣长城），注意安全。

玩水

很多人都知道，北京是座缺水的城市，这并没错，但缺水并不意味着北京就真的没水、没有水的故事。事实上恰恰相反，可以说，没有水就没有北京城。

北京位于海河流域，海河的潮白河、永定河等重要支流由西北向东南穿过北京，一度为北京带来了充沛的水源，甚至在很长时间内，生活在城里的人们还要担心洪水的问题。不过因为气候、地形和人类活动的原因，北京的水资源很不稳定，分布很不均匀，为了解决这个问题，自古代起，人们修筑了大量的人工引水、排水、蓄水工程，这些工程直到现在还深刻地影响着每一个北京人的生活。

既然水资源对北京很宝贵，那么如何满足两千多万市民的用水需求，便成了这座城市一直需要面对的重要课题：每一滴水从哪儿来，到哪儿去，都要精打细算。不仅如此，还要思考用过的水怎么再次利用，污染的水如何干干净净地还给大自然。

水在北京

众所周知，北京是个缺水的城市，但这座城市中河、沟、渠、湖的数量也许会出乎你的意料。不妨一起看看这张北京水系全家福，找一找你身边都有哪些河流吧！

五大水系

北京共有五大水系，从西到东依次为大清河水系、永定河水系、北运河水系、潮白河水系和蓟运河水系。其中，只有北运河水系是发源于北京境内的"本土"水系。

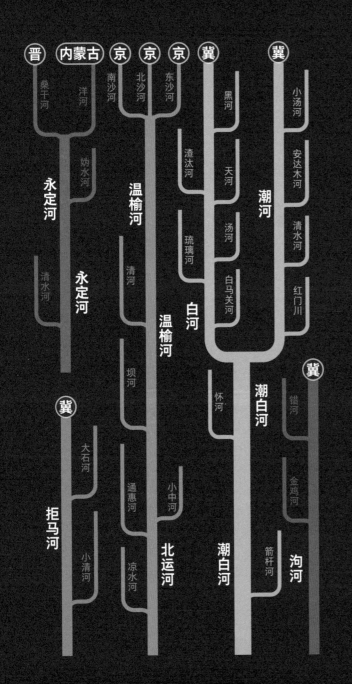

有水与无水

虽然北京的河道并不算少，但有相当一部分河道内是没有水的。好在近年来，伴随着南水北调和水源涵养工程的推进，北京市有了更多水源可以用于河道的生态补水。现在，有水的河道已经越来越多。

人工渠道

遗憾的是，对于北京来说，水系通达并不意味着水资源丰富。为了解决用水和河道防洪等问题，北京自古以来就修筑人工渠道加以调节，著名的南水北调工程使北京的缺水问题得到了根本改善。

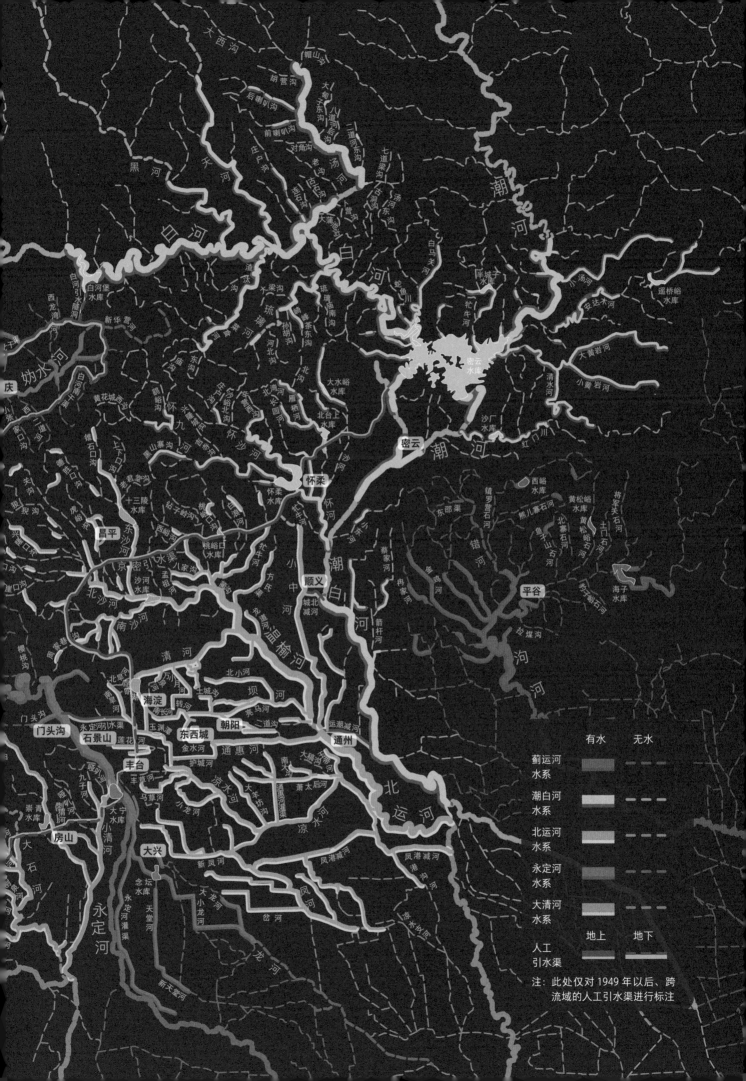

大西沟　帽山河
胡营沟　大甸子东沟　八道河东沟　二道河东沟　七道梁沟　汤河
后喇叭沟　庄户沟　对角沟　老沟　古石河　汤河东沟　白马关河　蛇鱼川

黑河　天河　连石河　八营河　大蒲池河　潮河　牤牛河　坪城子水库　小汤河　遥桥峪水库
白河　道洼沟　琉璃庙南沟　中达木河　大黄岩河
白河引水隧洞　大梁沟　崎峰茶东沟　北沟　密云水库　小黄岩河
西龙湾河　新华营河　黑关沟　孙胡沟　河北沟　大水峪水库　清水河　沙厂水库
白龙河

妫水河　千家店沟　黄花城西沟　碧峡沟　庙东沟　雁栖河　北台上水库　沙河　密云　潮河　红门川
庆　白河南沟　永固沟　怀沙河　牤牛河　怀柔　西峪水库　镇罗营石河　将军关石河
二道河　十三陵水库　老君沟　钻子岭沟　桃峪口沟　怀柔水库　怀柔　怀河　东邵渠　熊儿寨石河　黄松峪河　土门石河
德胜口河　虎峪沟　西峪沟　姚峪口水库　牤牛河　方氏渠　小中河　金鸡河　鱼子山石河　黄松峪石河　海子水库
关沟　昌平　东沙河　沙河水库　八家沟　孟祖河　蒲洼沟　顺义　蔡家河　错河　冉家河　平谷　楚千岭石河
崖口河　京密引水渠　北沙河　南沙河　温榆河　城北减河　箭杆河　拉煤沟

樱桃沟　北旱河　万泉河　清河　北小河　坝河　沟河
周家巷沟　南长河　海淀　转河　土城沟　景马河
门头沟　永定河引水渠　玉渊潭　东西城　朝阳　二道沟　运潮减河
门头沟　石景山　莲花河　金水河　护城河　通惠河　通州　北运河
丰台　丰草河　凉水河　大柳沟　萧太后河　通惠河灌渠
哑叭河　马草河　小龙河　大羊坊沟　凤港河
九子河　念坛水库　新凤河　凤港减河
崇青水库　小清河　大兴　凤河
房山　大宁水库　天堂河　天小龙河　凉水河
大石河　永定河灌渠　天紫渠　岔河
永定河　念坛水库　新天紫河

北京老城河道考古挖掘现场

在北京旧城区散布着许多历史时期的河、湖、坑塘等，这些河道既包括两千多年前的古高粱河河道，也包括 20 世纪 60 年代末埋入地下的内城南护城河等，来看看这些你所熟悉的地点历史上是什么样子吧。

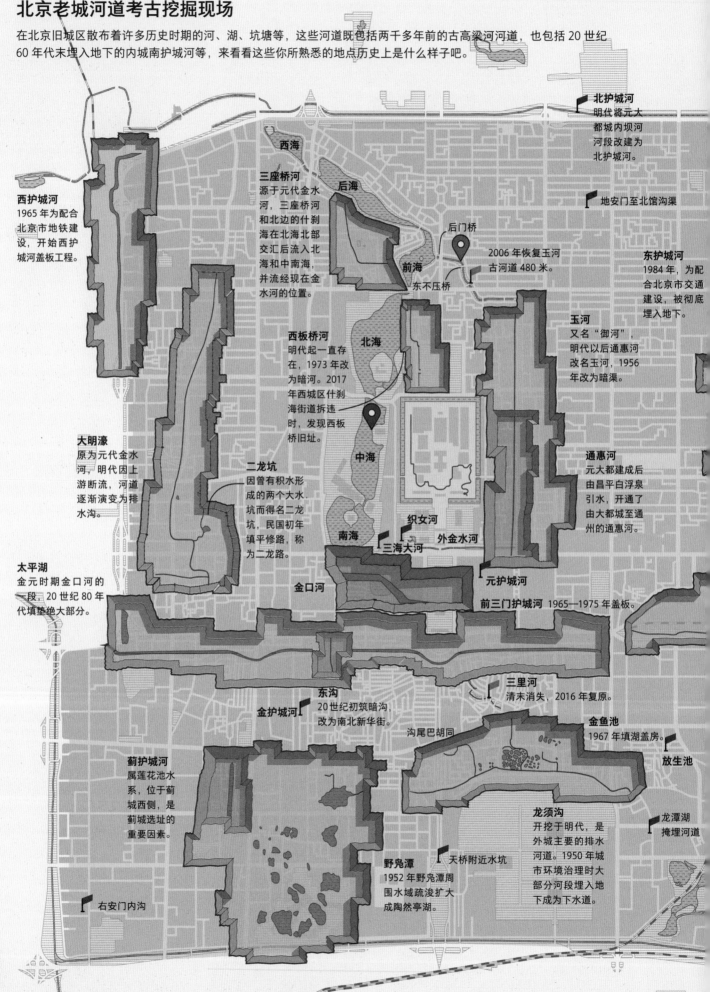

西海

三座桥河
源于元代金水河，三座桥河和北边的什刹海在北海北部交汇后流入北海和中南海，并流经现在金水河的位置。

北护城河
明代将元大都城内坝河河段改建为北护城河。

地安门至北馆沟渠

后海

后门桥

2006 年恢复玉河古河道 480 米。

前海

东不压桥

西护城河
1965 年为配合北京市地铁建设，开始西护城河盖板工程。

东护城河
1984 年，为配合北京市交通建设，被彻底埋入地下。

玉河
又名"御河"，明代以后通惠河改名玉河，1956 年改为暗渠。

西板桥河
明代起一直存在，1973 年改为暗河。2017 年西城区什刹海街道拆违时，发现西板桥旧址。

北海

大明濠
原为元代金水河，明代因上游断流，河道逐渐演变为排水沟。

二龙坑
因曾有积水形成的两个大水坑而得名二龙坑，民国初年填平修路，称为二龙路。

中海

通惠河
元大都建成后由昌平白浮泉引水，开通了由大都城至通州的通惠河。

织女河

南海

三海大河

外金水河

太平湖
金元时期金口河的一段，20 世纪 80 年代填垫绝大部分。

金口河

元护城河

前三门护城河 1965—1975 年盖板。

东沟
20 世纪初筑暗沟，改为南北新华街。

三里河
清末消失，2016 年复原。

金护城河

沟尾巴胡同

金鱼池
1967 年填湖盖房。

放生池

蓟护城河
属莲花池水系，位于蓟城西侧，是蓟城选址的重要因素。

龙须沟
开挖于明代，是外城主要的排水河道。1950 年城市环境治理时大部分河段埋入地下成为下水道。

龙潭湖
掩埋河道

野凫潭
1952 年野凫潭周围水域疏浚扩大成陶然亭湖。

天桥附近水坑

右安门内沟

北京历史河道考古现场

北京是一座历史悠久的古城，伴随着城市的发展，在老城里曾经形成过大量河、湖、坑塘。岁月变迁，这些河湖坑塘很多都已经埋入地下，难觅踪迹。让我们来挖一挖、刨一刨，看看在这些河道的考古现场能有什么发现吧！

图例

待挖掘点

修复水域

现存水域

明清水域

金以前水域

挖掘坑洞现场

泡子河

元代开凿的通惠河的一段，地处老城低洼地带，沿河有数个积水的水洼，北方人大称其为"泡子"。清朝后期成为死水，1952年盖板。现存泡子河东、西巷。

万柳堂

1952年将万柳堂及周围水域疏浚为龙潭湖。

高梁河水系与北京中轴线及宫城的关系

在北京的发展历史上，从燕都蓟城到金代中都城，城址都位于现在北京老城区的西南部，依托莲花池水系建造而成。元大都在宫城选址上做出了很大的调整，放弃了莲花池水系，而在其东北方向依托高梁河水系，重新选址建设新城，使北京中轴线东移，形成了现在的中轴线。明代开凿了今天的南海，宫城向南拓展，由此构成了我们如今看到的北、中、南三海格局。

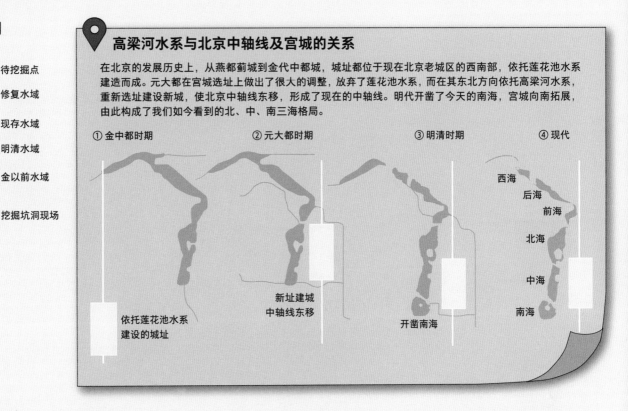

① 金中都时期 — 依托莲花池水系建设的城址

② 元大都时期 — 新址建城 中轴线东移

③ 明清时期 — 开凿南海

④ 现代 — 西海 后海 前海 北海 中海 南海

玉河（后门桥至东不压桥段）的历史演变

玉河在元大都时被称为通惠河，是由元代的水利工程家郭守敬在1293年主持修建的漕运河道，明朝河道水源变少，满足不了行船需求，于是干脆变成了皇城的一条内河，改名为玉河。玉河在20世纪逐渐断水成为暗沟，2005年东城区政府启动玉河恢复工程后，经过多年考古发掘与河道恢复工作，玉河再一次出现在今天的北京城。

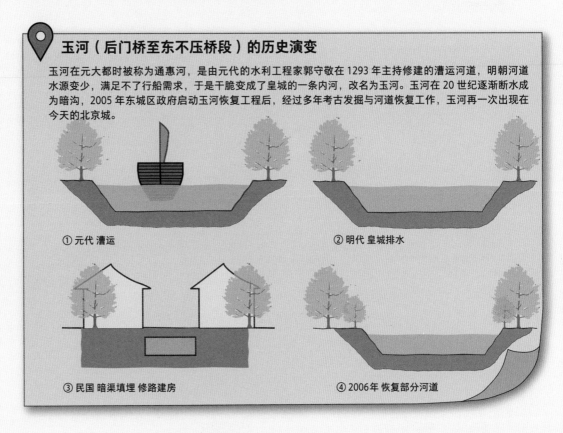

① 元代 漕运

② 明代 皇城排水

③ 民国 暗渠填埋 修路建房

④ 2006年 恢复部分河道

摆动的河道

历史上永定河的河道不断迁徙，并逐渐南移。自元代开始，河道迁徙频繁，水患日趋严重，导致永定河下游河道在北京西南部来回摆动。

东汉至宋

元

上游 ← | → 中游

官厅水库

军都山

洋河

涿鹿县

怀来县

桑干河

沿河城

永定河

西山

北京市域

蓟城

车箱渠

梁山

高

梁

水

石景山

戾陵堰

→ 漯水（永定河） →

首钢

长辛店

卢沟桥

中游 ← | → 下游

三家店

卢沟运筏 -

明代以前，永定河上游的森林资源十分丰富。古画《卢沟运筏图》，反映的正是元代从永定河上游砍伐林木，然后顺河水漂运至卢沟桥，再运往都城的情景。这种大规模采伐，使西山地区以及永定河中上游流域的森林迅速减少，维系北京水环境的地理条件逐渐恶化。

北京市域

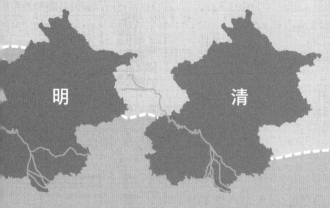

明　　清

不安定的永定河

永定河被称作北京的母亲河，发源于山西宁武县管涔山天池，流经山西、河北、北京、天津，是北京市境内最大的河流，也是北京市内最古老的河流，她孕育了北京，也深刻地影响着北京的发展。永定河曾有过许多名字，最出名的是"无定河"，因善徙、善淤、善决，变幻无定，水患不断而得名。自古至今，为了治理永定河，人们做出了许多努力。

历史上的曾用名

永定河在不同历史时期有不同的名称，是北京拥有曾用名最多的一条河流。今永定河指官厅水库以下河段，以上称桑干河。

	浴水	治水	㶟水	高梁河	㶟水	湿水	桑干河	桑干河	桑干河	卢沟河	桑干河	卢沟河	小黄河	浑河	无定河	永定河
名称变迁	○	○	○	○	○	○	○	○		○	○	○	○	○	○	○
朝代变迁	秦	汉		魏晋南北朝				隋唐			宋		元		明	清至今

康熙三十七年（1698 年），对永定河进行了大规模疏浚筑堤束水及人工改道，固安以北河道开始稳定，康熙皇帝将治理后的无定河赐名"永定河"，此后永定河下游大约仅稳定了 40 年。

戾陵堰与车箱渠

三国魏嘉平二年（250 年），镇北将军刘靖在㶟（lěi）水（永定河）上修建拦河坝"戾陵堰"，在梁山与石景山之间的垭口设水门（水闸），向东利用古高梁河河道开凿车箱渠，将㶟水引向东入高梁河河道，以此灌溉蓟城南北的农田。戾陵堰与车箱渠是北京地区历史上第一个大规模引水灌溉的水利工程。

永定河那些事儿

永定河流经北京市的河段长 169.5 千米，流域面积 3168 平方千米，北京城就是在永定河冲积扇上发展起来的。历史上，永定河不仅是北京的主要水源，还承载着交通、资源运输等多种功能。永定河的水利、水害及河道变迁，直接影响了北京城的城市格局和发展方向。而围绕着永定河如何治理，自古至今做过许多尝试。

永定河流域范围

大兴国际机场

北京市域

元大都

高梁河　白莲潭

金中都

移城就水

元朝建立后，元大都的建设没有继续在金中都的城址上进行，而是为了新水源将城址进行了迁移，选择了以金代白莲潭（高梁河上一段宽阔水域，即什刹海）之畔的万宁宫为基础，重新规划了一座新城。

北京的地下"金库"

虽然北京已经形成多源供水的水源格局，但地下水仍然是城市供水的重要来源之一。北京是少有的以地下水为主要供水水源的大都市，可以说，地下水是北京的一座大金库。然而数十年来对地下水的超量开采，北京出现了沉降和漏斗，如何平衡开采和涵养成了一个大问题。

如何读懂这张图？

右图模拟了北京平原地区 2020 年地下水埋深情况。蓝色部分为地下水，每层代表 2.5 米，颜色越深则表示该处地下水处于越深的位置。

● 泉水　　● 温泉

延庆松山佛峪口温泉在《水经注》中早有记载，也是目前北京唯一自流的温泉。

白浮泉

截至 2019 年，房山黑龙关泉是北京测得流量最大的泉水，每天 5.05 万立方米（2019 年 1 月观测）。

海淀温泉村温泉在 20 世纪 50 年代后期断流。

石景山八大处　玉泉

永定河引水渠

山区 ←

北京市域边界 ←

房山长沟泉水国家湿地公园

平原地区地下水 ←

历史上平原地区分布着许多泉水和湖泊，南苑一带的水系的源头来自于草桥泉群、一亩泉泉群和团河泉群。

这座地下金库还富裕吗？

北京城市供水长期依赖地下水。20 世纪 70 年代以后，北京出现地下水超采现象。

地下水埋深指地面到地下水面的距离，直观地反映着城市地下水资源的变化。20 世纪 50 年代开始，机井技术逐渐被广泛应用，推动人们大规模开采地下水，此后几十年地下水位一直处于持续下降的趋势，直到 2015 年才开始缓慢回升。

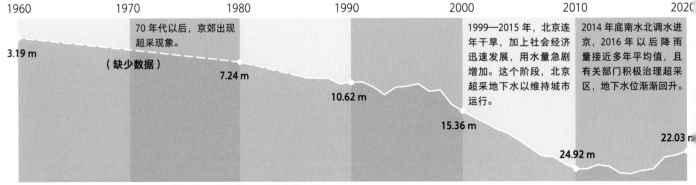

1960　　1970　　1980　　1990　　2000　　2010　　2020

3.19 m

70 年代以后，京郊出现超采现象。

（缺少数据）

7.24 m

10.62 m

1999—2015 年，北京连年干旱，加上社会经济迅速发展，用水量急剧增加。这个阶段，北京超采地下水以维持城市运行。

2014 年底南水北调水进京，2016 年以后降雨量接近多年平均值，且有关部门积极治理超采区，地下水位渐渐回升。

15.36 m

22.03 m

24.92 m

1960—2020 年地下水平均埋深变化图（部分年份缺少数据，以虚线表示）

朝阳大漏斗

从 20 世纪 70 年代中后期开始，北京在用水比较集中的东郊形成了地下水降落漏斗。1986 年，漏斗中心位于朝阳区红庙附近；2020 年，北京的地下水降落漏斗主要分布在朝阳区黄港、长店至顺义区米各庄一带。

北京最著名的小汤山温泉在元代就有记载，清康熙年间建有"汤泉行宫"，但在 20 世纪 80 年代中期断流。

京密引水渠

温榆河

潮白河

六环

北运河

什么是地下水漏斗？

由于超量开采地下水，在开采量比较集中的区域地下水位下降，周边的地下水向集中区移动，形成了像漏斗一样的凹面。

北京的地下水水质如何？

"城墙砖儿、电线杆儿、地下水儿"被调侃为"北京三硬"，这里的"硬"是指地下水的总硬度高，喝起来有苦味。
2019 年北京水资源公报显示，IV~V 类深层地下水主要分布在昌平和通州，也就是说这些地区地下水水质稍差一些。

不止温泉

温泉是地下水的一种特殊形式，昌平小汤山、海淀温泉村、延庆松山都是知名的温泉。北京的地热资源丰富，温泉旅游不是唯一的利用方式。北京自 20 世纪 80 年代开始进行勘探、使用地热资源，目前共有 10 片地热田。

截至 2013 年底北京市地热资源开发利用情况

水产养殖与温室种植及其他
5.6%

洗浴用量
7.7%

地热采暖
48.3%

行政事业单位、民用用量
36.0%

京城也曾是泉城

历史上，北京的山间和平原地区都曾有过许多泉水资源，但随着自然环境变化和人类活动的影响，现在大多枯竭荒废，只留存在地名之中了。

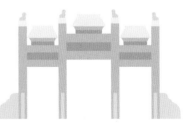

白浮引水工程

为了解决元大都漕运的问题，水利专家郭守敬将昌平白浮泉水引向西南，注入瓮山泊（现在的昆明湖），再向南汇入积水潭，成为通惠河的主要水源。2021 年，白浮泉被列入北京市第一批水利遗产名录。

"天下第一泉"

北京最著名的山泉要数玉泉山的玉泉，它是金、元、明、清时北京城的重要水源，被乾隆称为"天下第一泉"。但玉泉实际早已不堪重负，1931 年已经"泉源淤塞，非复旧日之澄澈矣"，20 世纪 70 年代后期长期断流。

万泉河发源地

万泉庄原有一处大型泉群，是明清时期附近园林的水源。清乾隆三十二年（1767），在此建造泉宗庙，并为万泉庄的 28 个泉眼赐名立志。现在泉宗庙已消失，泉宗庙的石牌坊为修建张作霖的陵园被征用，现在矗立在抚顺雨亭公园中。

白浮泉（元代水源）

都龙王庙

都龙王庙位于龙泉山顶，兴建于元代，现仍保存有大部分建筑。"龙王庙"在以农业为本的古代中国是关乎民生、社稷的重要祭祀场所。

大运河的开凿最早始于春秋时期。隋朝时被大幅度扩修。608年隋炀帝为征辽东开凿永济渠，南起沁河口，北抵涿郡，这条水道在北京的历史上发挥过重要作用。永济渠与605年开凿的通济渠，以及610年修建的江南运河一起构成南起杭州、北达涿郡的隋朝大运河。

金章宗在泰和五年（12年）采纳翰林院应奉韩的建议，开凿通州潞水渠并终获成功。金代三大规模引水工程成败参半，但最终形成了一系规模可观的河湖体系，中的大部分河道为元初守敬水利改造所利用，为大都水系完善的重基础。

白浮瓮山河

引白浮泉为什么要绕弯路？

元大都与白浮泉高差仅有4米左右，且二者之间有沙河和清河两条河流相隔，导致无法利用最短路径直接引水。因此郭守敬设计的线路不是把白浮泉直接引向东南，而是向西至西山麓，然后大体沿50米等高线南下，避开河谷低地，并沿途拦截沙河、清河上源及西山诸泉等补给水源，再向东南注入瓮山泊。

如今我们熟知的京密引水渠，自白浮村至昆明湖这一段的线路的大体走向也基本与元代故道一致，仅小有调整，令人不由惊叹当初地形勘测之精准。

瓮山泊昆明湖

玉泉山诸泉（明清水源）

杨广
隋·炀帝

韩玉
金·大臣

颐和园绣漪闸

【元大都城】

积水潭

南长河

广源闸

银锭桥

万宁桥

车箱渠（三国）

高梁闸桥

【明清北京城】

东不压桥

玉河

金口河

金口河为什么元代才通航？

金口河开凿于金大定十一年（1171年），其通航失败的重要原因是"地势高峻，不能胜舟"。

元至元二年（1265年），大都水系水量严重不足，被迫决定重开金代金口河故道。郭守敬改造时首先将引水口位置由原本上源的麻峪南移至石景山下，使高程设计变得相对合理。其次预设了溢流口与泄洪道，每当"夏秋猛涨"之时，可以向城外泄洪分流以保证大都内的引水安全。

【金中都城】

永定河

运粮河

永济渠（隋唐）

亘古通今大运河

北京的发展历史与大运河关系密切：隋唐时期，北京是大运河尽端的边防重镇；元、明、清时期，北京成为运河尽端的国家首都。帝王为加强统治、巩固政权、建设都城，需要便利的水路运输，此时的京杭大运河保障了南北的交通和漕运，促进了沿线地区的发展。

大运河遗产文物图例

辽前运河	水源（泉）
辽金运河	闸
元代运河	桥梁
明清运河	码头
湖泊	仓库
现存河道	古建筑
现亡河道	古遗址

温榆河

代，元世祖采纳郭守敬建议，实施通惠河水利工程和航道工程，从浮泉引水，同时采用闸技术，修建著名的惠河二十四闸，使这时期北京地区的水利程技术水平达到历史高，运河进入最为繁兴盛的时期。

自永乐七年（1409年），明成祖朱棣正式择定昌平为皇陵重地后，陵域引水便成为禁忌。虽然白浮等泉仍水量不小，却不再被引用，白浮瓮山河道湮废不用，以后也未见修治。此时汇聚玉泉山诸泉的瓮山泊成为唯一水源，但由于水量有限，无法支撑庞大的漕运系统，坝河、通惠河行漕能力开始下降。

清代进一步开发了西山水系，利用瓮山泊为蓄水单元，从拦储和分流两方面梳理西山水系。乾隆十四年（1749年），将西郊一带的泉水汇集在瓮山泊，在东岸低洼地带建新堤拦截玉泉山的汇水，将瓮山泊拓为人工水库，并改名为昆明湖。

白浮泉旧址在1989年被重新修复，遗址中有石碑，背后是著名历史地理学家侯仁之先生撰写的《白浮泉遗址整修记》。2006年5月，国务院将京杭大运河公布为全国重点文物保护单位。此后，经研究，将包括京杭大运河、隋唐大运河、浙东运河在内的中国大运河纳入了保护和申报世界文化遗产范围。2014年，中国大运河被列入《世界遗产名录》。

潮白河

郭守敬
元·水利工程师

朱棣
明·成祖

爱新觉罗·弘历
清·高宗（乾隆皇帝）

侯仁之
现·历史地理学家

坝河

马河

漕河（金）

历史上北京都有哪些粮仓？

明代北京共有包括南新仓在内的7座官仓，均集中在北京的东部地区。除了南新仓，还有海运仓、北新仓、旧太仓、兴平仓、富新仓、禄米仓。乾隆年间，北京又陆续建设了万安仓、太平仓、裕丰仓、储济仓、本裕仓和丰益仓6座仓，数量上达到了13座。此外，通州还有中、西两座仓。

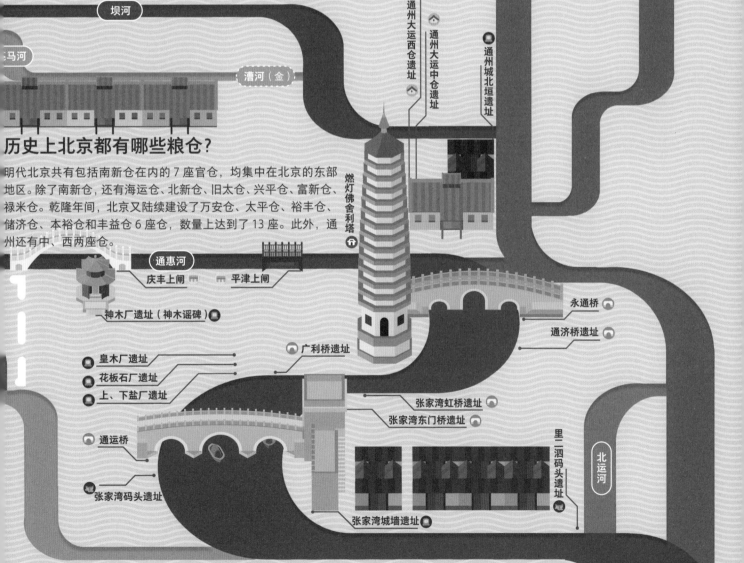

通州大运西仓遗址

通州大运中仓遗址

通州城北垣遗址

燃灯佛舍利塔

通惠河

庆丰上闸　平津上闸

神木厂遗址（神木谣碑）

皇木厂遗址
花板石厂遗址
上、下盐厂遗址

广利桥遗址

永通桥

通济桥遗址

张家湾虹桥遗址

张家湾东门桥遗址

通运桥

里二泗码头遗址

张家湾码头遗址

张家湾城墙遗址

北运河

北京的水够用吗？

我们常说北京是一座缺水的城市，那么北京的水是否够用呢？

事实上，北京的自然水资源确实不足以支撑这座超级大城市的生活、生产用水。2020年，通过南水北调工程引入的水大约占了北京供水总量的1/6。北京的用水来源包括地表水、地下水和再生水等，一起来了解不同的供水途径之间是怎样的关系，又是如何影响我们生活的吧！

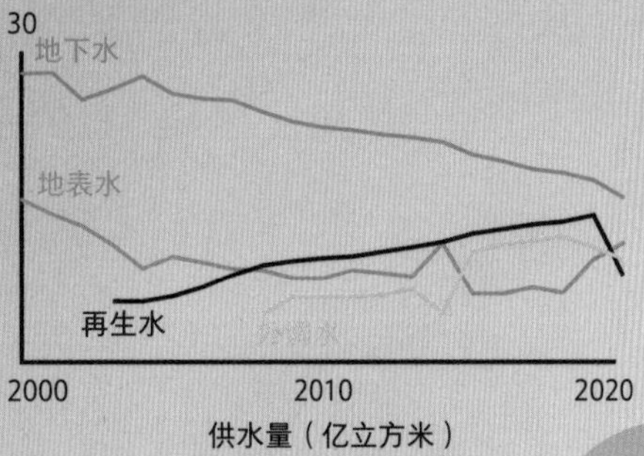

官厅水库

官厅水库1954年竣工，是永定河上历史最久的大型水库，也是新中国成立后华北地区建立的第一座大型水库。但20世纪80年代后期，库区水质持续恶化，1997年官厅水库被迫退出城市生活饮用水体系。2019年，引黄入京工程首次实现了黄河水向官厅水库的生态调水。此后再由官厅水库向下流河段补水，永定河重现流水滔滔的生机景象。

自来水厂水处理

吸附

絮凝

沉淀

过滤

加氯

再生水

指雨水、城市污水和工业废水经过净化处理达到一定标准后，进行有益使用的水。再生水通常用于地下水回灌、工业用水、农业用水、城市非饮用水和景观环境用水。

供水比例变化

北京的供水来源主要有四种，即地下水、地表水、再生水和外调水，但它们的占比关系不固定。近年来，再生水利用、地下水超采治理、南水北调、引黄入京等工程，都对不同来源的供水量产生着影响。上图就体现了北京近年来供水比例的变化情况。

30

地下水

地表水

再生水

2000　2010　2020

供水量（亿立方米）

用水总量

指分配给用户的包括输水损失在内的毛用水量，包括生产用水、生活用水、环卫绿化和河湖补水。

再生水厂处理

过滤

微生物反应

臭氧处理

絮凝

紫外线杀菌

沉淀刮泥

河湖补水

指城市、农村范围的人工措施对湖泊、洼地、沼泽的补水。

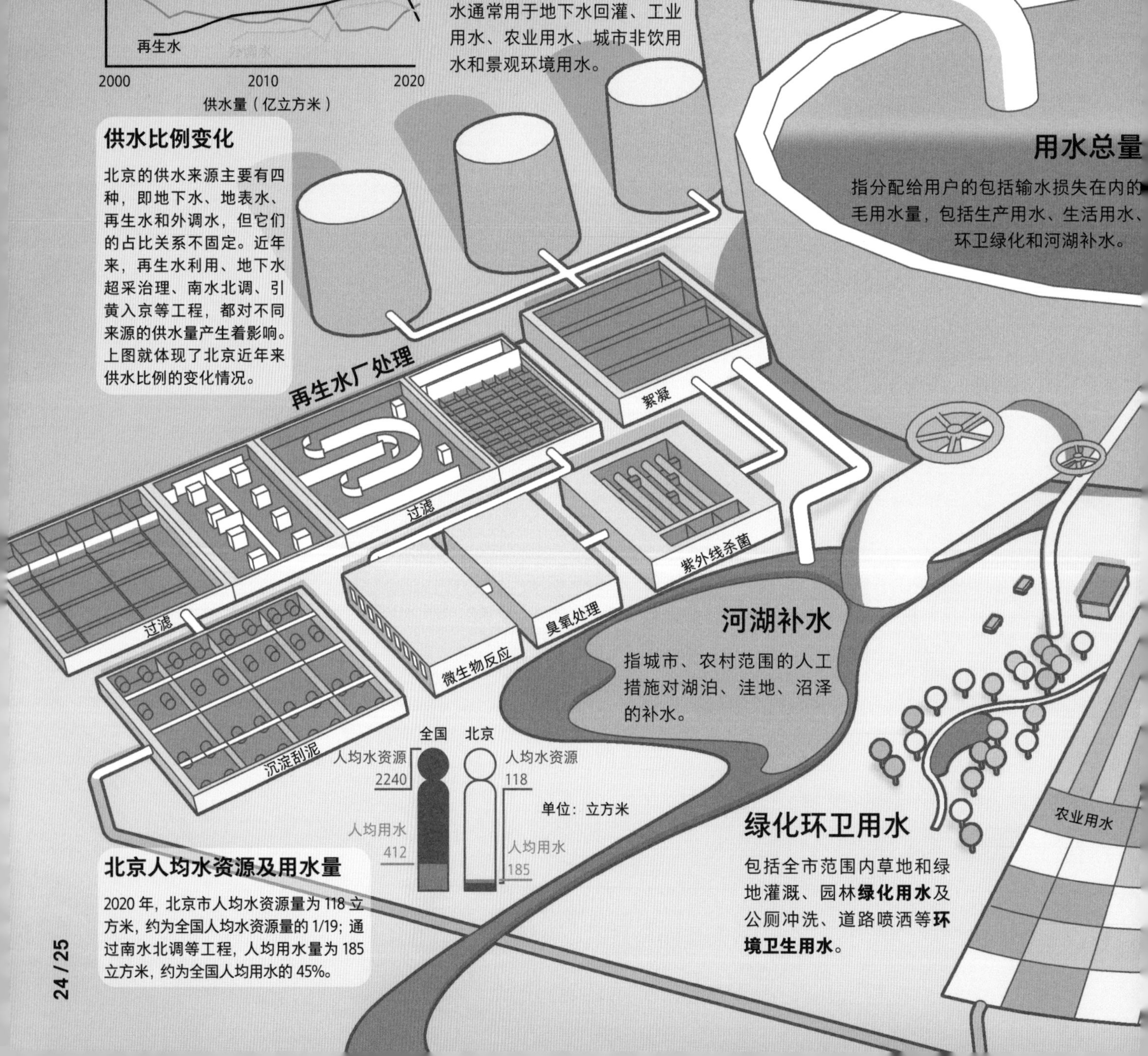

北京人均水资源及用水量

全国　北京

人均水资源　2240

人均水资源　118

人均用水　412

人均用水　185

单位：立方米

2020年，北京市人均水资源量为118立方米，约为全国人均水资源量的1/19；通过南水北调等工程，人均用水量为185立方米，约为全国人均用水的45%。

绿化环卫用水

包括全市范围内草地和绿地灌溉、园林**绿化用水**及公厕冲洗、道路喷洒等**环境卫生用水**。

农业用水

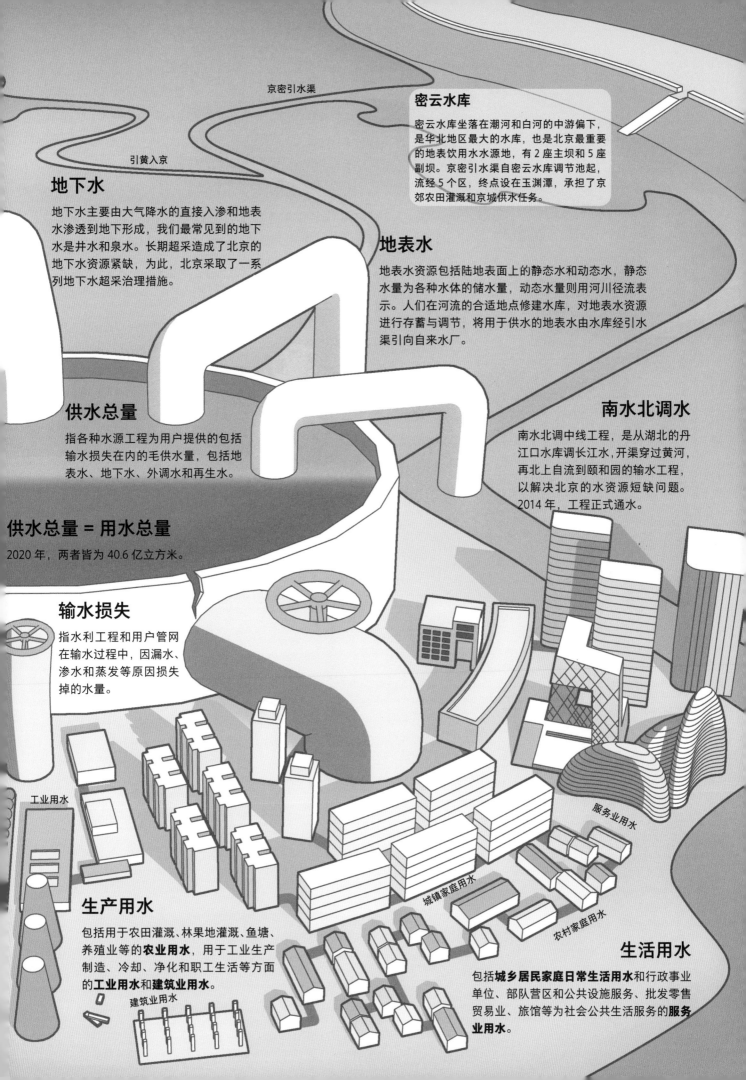

京密引水渠

密云水库

密云水库坐落在潮河和白河的中游偏下，是华北地区最大的水库，也是北京最重要的地表饮用水水源地，有 2 座主坝和 5 座副坝。京密引水渠自密云水库调节池起，流经 5 个区，终点设在玉渊潭，承担了京郊农田灌溉和京城供水任务。

引黄入京

地下水

地下水主要由大气降水的直接入渗和地表水渗透到地下形成，我们最常见到的地下水是井水和泉水。长期超采造成了北京的地下水资源紧缺，为此，北京采取了一系列地下水超采治理措施。

地表水

地表水资源包括陆地表面上的静态水和动态水，静态水量为各种水体的储水量，动态水量则用河川径流表示。人们在河流的合适地点修建水库，对地表水资源进行存蓄与调节，将用于供水的地表水由水库经引水渠引向自来水厂。

供水总量

指各种水源工程为用户提供的包括输水损失在内的毛供水量，包括地表水、地下水、外调水和再生水。

南水北调水

南水北调中线工程，是从湖北的丹江口水库调长江水，开渠穿过黄河，再北上自流到颐和园的输水工程，以解决北京的水资源短缺问题。2014 年，工程正式通水。

供水总量 = 用水总量

2020 年，两者皆为 40.6 亿立方米。

输水损失

指水利工程和用户管网在输水过程中，因漏水、渗水和蒸发等原因损失掉的水量。

工业用水

生产用水

包括用于农田灌溉、林果地灌溉、鱼塘、养殖业等的**农业用水**，用于工业生产制造、冷却、净化和职工生活等方面的**工业用水**和**建筑业用水**。

建筑业用水

服务业用水

城镇家庭用水

农村家庭用水

生活用水

包括**城乡居民家庭日常生活用水**和行政事业单位、部队营区和公共设施服务、批发零售贸易业、旅馆等为社会公共生活服务的**服务业用水**。

污水去向何方？

水在工农业生产、城市运行和人们的日常生活中都必不可少，那么用完的水最终会去向何方呢？

近年来，北京提出了一系列水污染治理要求，也建设了一批新的污水厂和再生水厂，一起来看看它们到底是怎么运转的吧！

水质类别

水务工作人员会对水质进行检测，再根据水质评价结果对水质进行分类：

Ⅰ类　主要用于源头水、国家自然保护区。
Ⅱ类　主要用于饮水水源地一级保护区等。
Ⅲ类　主要用于饮水水源地二级保护区、渔业、游泳区。
Ⅳ类　主要用于一般工业用水及人体非直接接触的娱乐用水。
Ⅴ类　主要用于农业用水及一般景观要求用水。
劣Ⅴ类　不符合任何要求，丧失使用功能。

工业废水

工业园区需要配套建设废水集中处理设施。

工业废水处理厂站

不同工厂产生的工业废水成分千差万别，因此对应的废水处理流程工艺也各不相同。

水质监测

雨污分流

雨水中的污染物较少，因此城市建设了相互独立的管网系统，分别收集雨水和污水，以节省污水处理成本。

城镇生活污水

学校、科研实验室，医疗等特殊污水，要单独收集处置。

收集处置

城镇污水实行集中处理。各家各户产生的生活污水从下水道进入城镇排水管网。

城镇排水管网

3. 管网渗漏 污

管道老旧等原因造成的管网渗水，管壁上的污染物流入水体会造成水污染。

雨水管网

农村生活污水

农业污水

根据建设能力，农村采用铺设入户管线或村口截污等方式收集污水。

入户管网

1. 污水直排 污

部分未能被集中收集的生活污水被直接排入河湖。

村口截污

污 2. 废水混入污水

工业废水的污染物难以被生活污水处理流程消解，还可能与生活污水反应产生新的污染物。

污 4. 雨水管网污染

污水、垃圾等污染雨水收集口、进入雨水管网，也是造成水污染的原因之一。

北京水质检测

水质检测工作中，工作人员首先要选取合适的采样点，然后每月对河湖、水库、地下水等水体进行采样，最后送往水质检测中心。水样一式三份，分别送往两个地方，如果检测结果差值过大，就会采用第三份备用水样进行复查。

右图表示了从 2010—2021 年期间每年 3 月（平水期）北京地表水五大水系共 104 段河流的水质检测结果。每个水系从上到下的颜色变化代表该水系的干流和支流从上游到下游的水质情况变化。

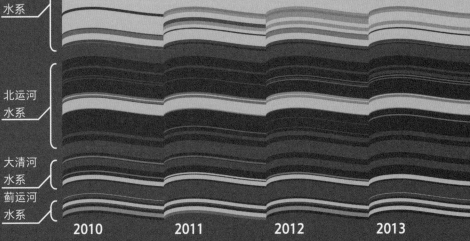

永定河水系
潮白河水系
北运河水系
大清河水系
蓟运河水系

2010　　2011　　2012　　2013　　201

地下水污染防治

关注地表水和生产生活水污染的同时，也不能忽略地下水。

右图列举了北京市地下水污染防治的部分主要措施。

地下饮用水水源准保护区内禁止堆放和贮存易溶、有毒的废弃物。

化工厂、矿山、垃圾填埋场等运营单位，应当采取防渗漏措施。

多层地下水含水层水质差异较大的，应当分层开采。

加油站等处的地下油罐应当使用双层罐或者采取建造防渗池等其他有效措施。

地下勘探、采矿、地下空间开发利用等活动，应当采取防护性措施。

城镇污水处理厂

污水处理

工业生产、景观、环卫

再生水利用

再生水水质监测主要指标：
1. 色度
2. 浊度
3. 气味
4. 酸碱度
5. 总硬度
6. 总大肠菌群
7. 悬浮物、生化需氧量、营养物程度等

河湖排放

格栅间
不同尺寸的格栅逐步过滤悬浮物

生化 / 曝气池
去除有机物及氨氮

二沉 / 絮凝池
去除产生的颗粒物、悬浮物

接触池
臭氧脱色

消毒系统
紫外线消毒

再生水处理

沉砂池
去除泥砂

初沉池
去除颗粒物，如部分污泥

反硝化生物滤池
脱氮除磷

过滤车间 / 超滤膜
去除胶体和颗粒物

单村 / 联村污水处理厂站

污水处理过程中刮下的污泥也需要进行专门处置，避免因随意丢弃造成二次污染。

污泥

畜禽养殖场被鼓励配套建设"集中式畜禽粪污综合利用设施"或者"无害化处理设施"。

垃圾粪便

化工废渣

清洗污染物容器

含磷洗涤用品

5. 面源污染

当然，除了被排入污水，干净水体直接被污染也是水污染的重要成因。

2015   2016   2017   2018   2019   2020   2021

沐风

在北京，如果遇到需要和陌生人搭个话的场合，一句"今儿天儿不错"，十有八九就能打破尴尬了。

北京属于温带季风气候，四季分明，30 摄氏度左右的最大温差和接近 200 毫米的最大月均降水量差，使这座城市在一年中的不同时间呈现出截然不同的天气状态，谈论天气、预测天气、调侃天气自然成了北京人之间经久不衰的话题。

随着人们生活质量的不断提升，对于气候的变化愈发敏感，对于气候的要求也愈发"苛刻"。北京的天气已不再只是自然现象，而逐渐成为一面镜子，从这面镜子中，人们看到国家的发展、社会的进步、文化理念的变迁。随着"永续发展""碳中和"等理念不断深入人心，相信在以后，在北京这座城市里，天气会成为越来越多人关注、讨论的话题。

四季分明

北京四季分明，俗话叫"冬长夏不短，春秋一眨眼"。近年全球变暖加速，北京整体的气温也随之上升，四季的分界也发生了变化。

◯ 春季　◯ 夏季　◯ 秋季　◯ 冬季　▬ 低温日　▬ 高温日

北京地区 1951—2020 年日均温度及四季分界线

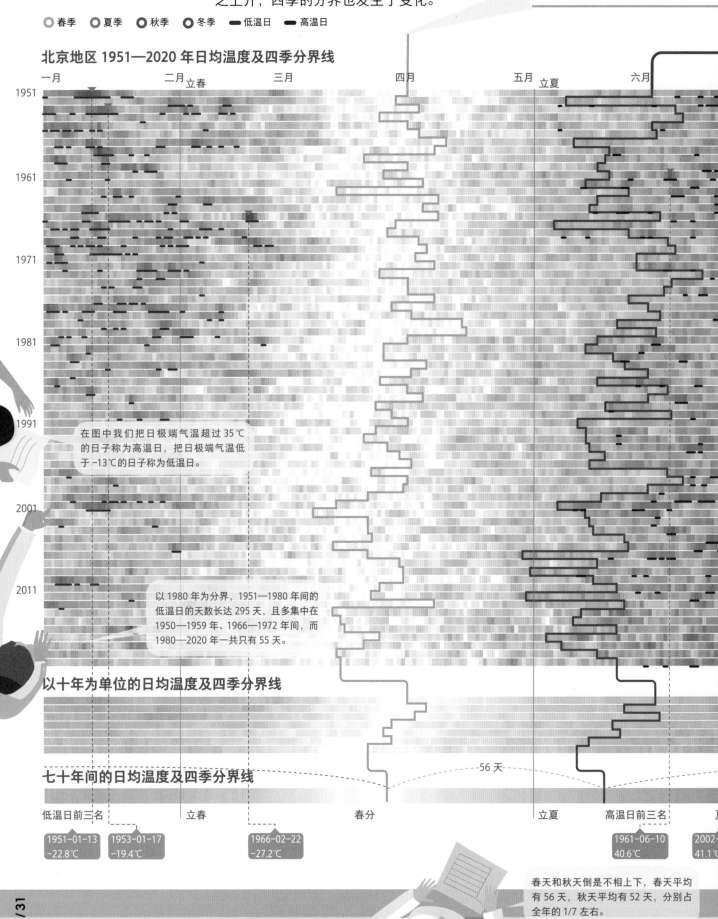

一月　二月 立春　三月　四月　五月 立夏　六月

在图中我们把日极端气温超过 35℃ 的日子称为高温日，把日极端气温低于 −13℃ 的日子称为低温日。

以 1980 年为分界，1951—1980 年间的低温日的天数长达 295 天，且多集中在 1950—1959 年、1966—1972 年间，而 1980—2020 年一共只有 55 天。

以十年为单位的日均温度及四季分界线

56 天

七十年间的日均温度及四季分界线

低温日前三名　立春　春分　立夏　高温日前三名　夏

| 1951-01-13 −22.8℃ | 1953-01-17 −19.4℃ | 1966-02-22 −27.2℃ | 1961-06-10 40.6℃ | 2002- 41.1℃ |

春天和秋天倒是不相上下，春天平均有 56 天，秋天平均有 52 天，分别占全年的 1/7 左右。

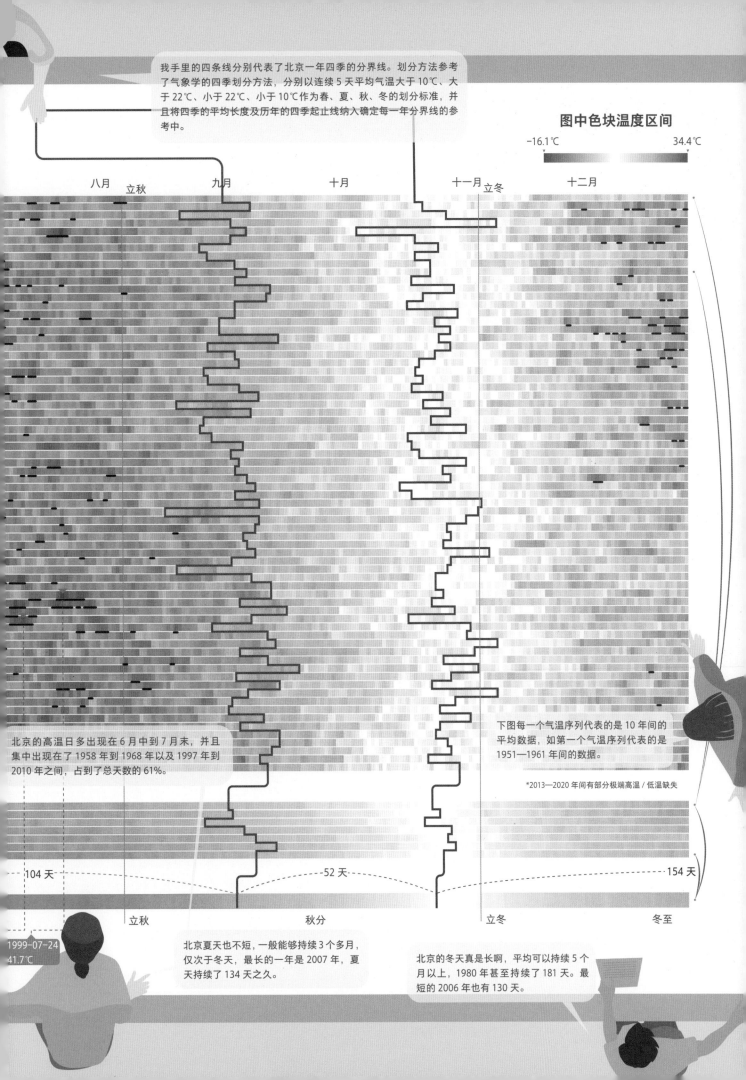

我手里的四条线分别代表了北京一年四季的分界线。划分方法参考了气象学的四季划分方法，分别以连续5天平均气温大于10℃、大于22℃、小于22℃、小于10℃作为春、夏、秋、冬的划分标准，并且将四季的平均长度及历年的四季起止线纳入确定每一年分界线的参考中。

图中色块温度区间

−16.1℃　　　　　　　　　　　34.4℃

八月　　立秋　　　　九月　　　　　十月　　　　　十一月　立冬　　　十二月

北京的高温日多出现在6月中到7月末，并且集中出现在了1958年到1968年以及1997年到2010年之间，占到了总天数的61%。

下图每一个气温序列代表的是10年间的平均数据，如第一个气温序列代表的是1951—1961年间的数据。

*2013—2020年间有部分极端高温/低温缺失

104 天　　　　　　　　　　　−52 天　　　　　　　　　　　154 天

立秋　　　　　　　　秋分　　　　　　　　立冬　　　　　　　冬至

1999-07-24
41.7℃

北京夏天也不短，一般能够持续3个多月，仅次于冬天，最长的一年是2007年，夏天持续了134天之久。

北京的冬天真是长啊，平均可以持续5个月以上，1980年甚至持续了181天。最短的2006年也有130天。

大风那个吹

北京的风曾经大得出名，连老舍都感慨过："北京的春风似乎不是把春天送来，而是狂暴地要把春天吹跑。"北京的风过去确实很大，但其实近些年以来已经渐渐减弱了。这主要是受城市化的影响，北京及整个京津冀地区的高楼大厦成了风前进的阻碍。风，一方面是城市的朋友——城市通风廊道可以提升城市的舒适度；但另一方面，过大的风也会带来一些困扰与破坏。

"Y"字形风廊

北京的地形对于风向和风速的影响是很大的。当冷空气自坝上草原而来，西经永定河河谷，西北经昌平南口，东北经古北口并沿河谷和隘口而下，吹到顺义区天竺一带汇合，再从东南部平原倾泻而下，就形成了一个"Y"字形风廊。风廊内风速很大，尤其是昌平、朝阳、通州及大兴东部等地的居民感受尤其深刻。

北京的风有什么特点？

北京地区的风有三个特点：受地形影响大、季节变化明显、日变化非常显著。北京大部分地区年平均风速为1.4~2.5米/秒。

延庆 佛爷顶站

延庆 延庆站

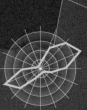
怀柔 汤河口站

密云 上甸子站

怀柔 怀柔站

密云 密云站

昌平 昌平站

顺义 顺义站

平谷 平谷站

门头沟 斋堂站

石景山 石景山站

通州 通州站

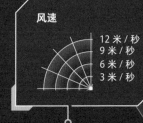

风速
- 12米/秒
- 9米/秒
- 6米/秒
- 3米/秒

房山 霞云岭站

房山 房山站

大兴 大兴站

风玫瑰图

风玫瑰图是气象科学中常用的图表，用来描述某一地区的风向和风速。一般会在罗盘上标注出十六个方位，然后画上各个风向上的风的数据。要注意哦，风向是指风吹来的方向。比如风玫瑰图最上方表示的北风，是从北方吹向城区中心的风。

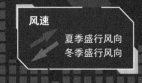

风速
- 夏季盛行风向
- 冬季盛行风向

偏南风场与偏北风场

如果把各气象站的风玫瑰图连起来看，可以看出偏南风和偏北风两种风场。北京冬季盛行偏北风，而夏季盛行偏南风。一般时候，偏北风从北部和西部的山区吹向平原，会吹来相对清洁的空气。而偏南风则路径正好相反，有时会把来自华北平原工业地区的大气污染输送到北京，这就会加剧雾霾天气的形成。

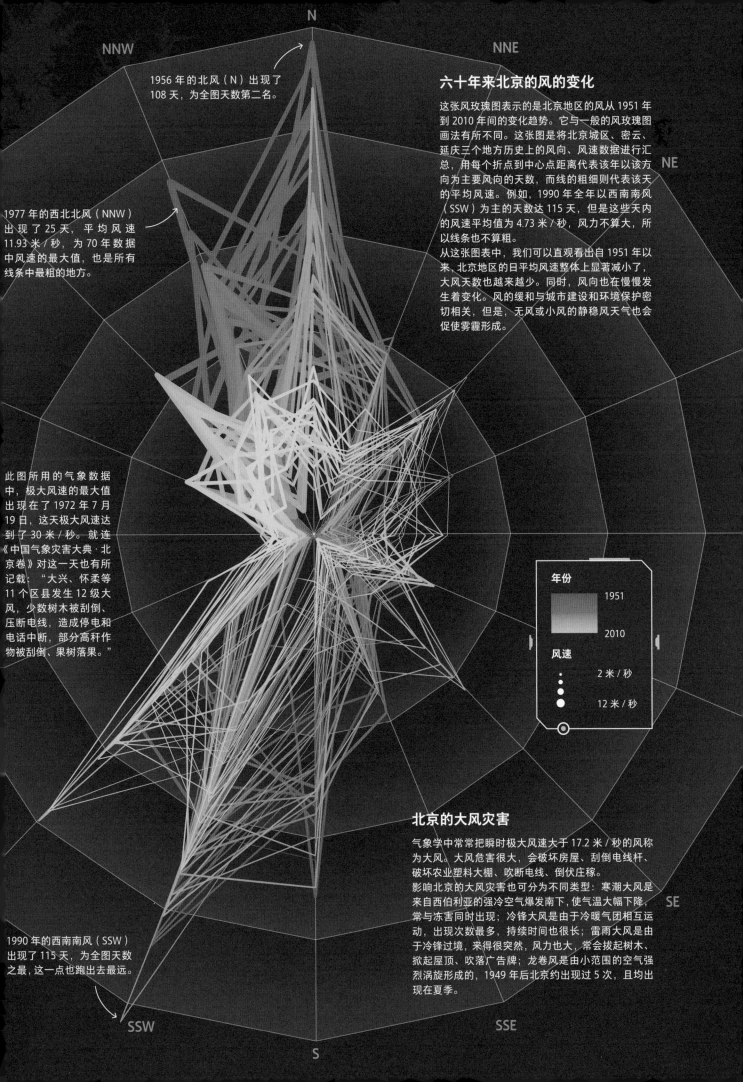

N

NNW

1956 年的北风（N）出现了
108 天，为全图天数第二名。

NNE

NE

六十年来北京的风的变化

这张风玫瑰图表示的是北京地区的风从 1951 年
到 2010 年间的变化趋势。它与一般的风玫瑰图
画法有所不同。这张图是将北京城区、密云、
延庆三个地方历史上的风向、风速数据进行汇
总，用每个折点到中心点距离代表该年以该方
向为主要风向的天数，而线的粗细则代表该天
的平均风速。例如，1990 年全年以西南南风
（SSW）为主的天数达 115 天，但是这些天内
的风速平均值为 4.73 米／秒，风力不算大，所
以线条也不算粗。

从这张图表中，我们可以直观看出自 1951 年以
来，北京地区的日平均风速整体上显著减小了，
大风天数也越来越少。同时，风向也在慢慢发
生着变化。风的缓和与城市建设和环境保护密
切相关，但是，无风或小风的静稳风天气也会
促使雾霾形成。

1977 年的西北北风（NNW）
出现了 25 天，平均风速
11.93 米／秒，为 70 年数据
中风速的最大值，也是所有
线条中最粗的地方。

此图所用的气象数据
中，极大风速的最大值
出现在了 1972 年 7 月
19 日，这天极大风速达
到了 30 米／秒。就连
《中国气象灾害大典·北
京卷》对这一天也有所
记载："大兴、怀柔等
11 个区县发生 12 级大
风，少数树木被刮倒、
压断电线，造成停电和
电话中断，部分高秆作
物被刮倒、果树落果。"

年份

1951

2010

风速

2 米／秒

12 米／秒

北京的大风灾害

气象学中常常把瞬时极大风速大于 17.2 米／秒的风称
为大风。大风危害很大，会破坏房屋、刮倒电线杆、
破坏农业塑料大棚、吹断电线、倒伏庄稼。

影响北京的大风灾害也可分为不同类型：寒潮大风是
来自西伯利亚的强冷空气爆发南下，使气温大幅下降，
常与冻害同时出现；冷锋大风是由于冷暖气团相互运
动，出现次数最多，持续时间也很长；雷雨大风是由
于冷锋过境，来得很突然，风力也大，常会拔起树木、
掀起屋顶、吹落广告牌；龙卷风是由小范围的空气强
烈涡旋形成的，1949 年后北京约出现过 5 次，且均出
现在夏季。

SE

1990 年的西南南风（SSW）
出现了 115 天，为全图天数
之最，这一点也跑出去最远。

SSW

SSE

S

雨雪下到北京城！

北京地处华北平原，温带季风气候具有雨热同期的特点。这样的气候使得北京的冬雪尤为珍贵，春秋干燥，夏季也会发生洪涝灾害。随着城市的发展，北京的降水特征也有了明显的变化。这里我们收集了过去几十年的下雨天，让你看看各个时代的雨水如何"关爱"着北京人！

1973、1985、1990 年降水日数较多，达到了 85 天以上。

北京地区在 1962、1965、1968、1975、1997 年出现降水日数低谷，全年降水日不到 60 天。

—— 四季平均降水量占全年比重
------ 四季平均降水日数占全年比重

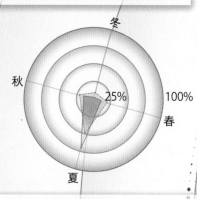
冬
秋   25%   100%
春
夏

北京四季降雨

北京降水集中在夏季，降水日数多、降水量大，但相比之下，夏季降水日的全年占比远不及夏季降水量的全年占比，这也说明夏季降水强度一般更大。

水漫京城时

北京洪涝归因于降雨时间过于集中，西北高东南低的地势有利于暴雨形成，另外城市化发展也使得热岛效应明显。引起北京洪水的原因有：永定河洪水、西山洪水以及城区暴雨内涝。

12
11 月
10 月
9 月
8 月
7

1963 年 8 月上旬暴雨

2012 年北京"7·21"特大暴雨，持续至 22 日 8 时左右，北京及其周边地区遭遇 61 年来最强暴雨及洪涝灾害。

年份顺着这个方向在推进！

明   这样的一年是水灾年。

民国

清

● 明朝
● 清朝
● 民国

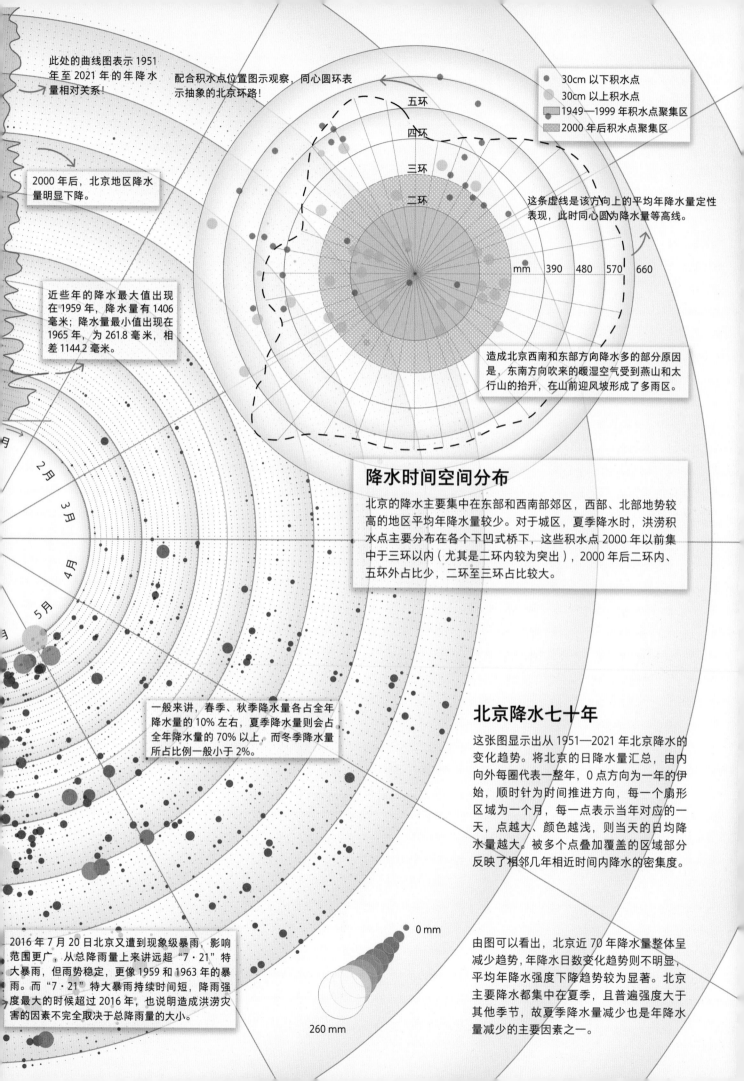

此处的曲线图表示 1951 年至 2021 年的年降水量相对关系！

配合积水点位置图示观察，同心圆环表示抽象的北京环路！

2000 年后，北京地区降水量明显下降。

五环
四环
三环
二环

● 30cm 以下积水点
● 30cm 以上积水点
▨ 1949—1999 年积水点聚集区
▨ 2000 年后积水点聚集区

这条虚线是该方向上的平均年降水量定性表现，此时同心圆为降水量等高线。

mm 390 480 570 660

近些年的降水最大值出现在 1959 年，降水量有 1406 毫米；降水量最小值出现在 1965 年，为 261.8 毫米，相差 1144.2 毫米。

造成北京西南和东部方向降水多的部分原因是，东南方向吹来的暖湿空气受到燕山和太行山的抬升，在山前迎风坡形成了多雨区。

2 月
3 月
4 月
5 月

降水时间空间分布

北京的降水主要集中在东部和西南部郊区，西部、北部地势较高的地区平均年降水量较少。对于城区，夏季降水时，洪涝积水点主要分布在各个下凹式桥下，这些积水点 2000 年以前集中于三环以内（尤其是二环内较为突出），2000 年后二环内、五环外占比少，二环至三环占比较大。

一般来讲，春季、秋季降水量各占全年降水量的 10% 左右，夏季降水量则会占全年降水量的 70% 以上，而冬季降水量所占比例一般小于 2%。

北京降水七十年

这张图显示出从 1951—2021 年北京降水的变化趋势。将北京的日降水量汇总，由内向外每圈代表一整年，0 点方向为一年的伊始，顺时针为时间推进方向，每一个扇形区域为一个月，每一点表示当年对应的一天，点越大、颜色越浅，则当天的日均降水量越大。被多个点叠加覆盖的区域部分反映了相邻几年相近时间内降水的密集度。

0 mm

260 mm

2016 年 7 月 20 日北京又遭到现象级暴雨，影响范围更广，从总降雨量上来讲远超"7·21"特大暴雨，但雨势稳定，更像 1959 和 1963 年的暴雨。而"7·21"特大暴雨持续时间短，降雨强度最大的时候超过 2016 年，也说明造成洪涝灾害的因素不完全取决于总降雨量的大小。

由图可以看出，北京近 70 年降水量整体呈减少趋势，年降水日数变化趋势则不明显，平均年降水强度下降趋势较为显著。北京主要降水都集中在夏季，且普遍强度大于其他季节，故夏季降水量减少也是年降水量减少的主要因素之一。

北京的八种颜色

北京是四季分明的城市，由于多变的自然气候和一些人为因素，北京也是一个天色多变的城市，对北京居民来说四季感受各不同。我们选取了北京一年中的八种典型颜色，带你感受北京的丰富色彩。

2015 年起北京园林绿化局要求各项园林绿化工程禁止使用杨柳树雌株，并探索减少杨柳絮生成的各种方案。

退耕还林还草一定程度上可以降低风速，减少风沙活动。

在每年的 3 月和 9、10 月，北京蓝最容易出现。

桑拿天的北京午后，室外温度可以达到 33~35℃。

#bebf7c

北京蓝的成因中有自然因素，如雨后、冷空气；也有人为因素，如污染物排放减少等。

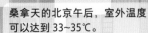

#c9d7db

#A9E8A1

近年来北京基建施工多，这也是风沙活动频繁的重要原因。

桑拿天的湿度也会比较大，甚至可以达到 80% 以上。

杨柳树的雌株会产生大量的白色絮状物。

#3263B4

风沙中含有尘土，可能还会有有害物质，对人体身体健康有影响。21 世纪初的沙尘天气，让 PM2.5、PM10 等概念进入人们的视野。

20 世纪 60—70 年代，在北京的"人民绿化战争"中，杨柳树因为诸多优势被大量种植。

桑拿天时，人们一般会吃西瓜解暑。

北京蓝天特别好看，网上有人给这种蓝色定义了专门的色号。

杨柳絮天	北京蓝	沙尘天	桑拿天
"漫天飞舞的杨柳絮又来了"	"今儿个北京的天，蓝得有点过分"	"治多伦一亩沙地，还北京一片蓝天"	"哪儿哪儿都闷"

雷电是一种较为复杂的天气现象，再加上北京三面环山，地形复杂，导致雷雨天气难以预测，夏季尤其如此。

打雷常常伴随着刮风下雨，雷雨天时天空多会呈现暗红色。

#503c44

电形成前，一般大气中低层暖湿，高层有干冷空气，不稳定度较大。

清晨、傍晚有云时，空中水汽充足，太阳光照射时穿过的空气层较厚。因为红、橙光的穿透能力较强，因此天空就被"染"成了橙红色。

#d87430

火烧云常出现在夏季黎明时分的东边及日落时分的西边。下过雷雨的傍晚和清晨会更容易出现。

如果早晨看到了火烧云，那今天很可能会下雨；傍晚出现了火烧云，第二天多半是晴天，正所谓"朝霞不出门，晚霞行千里"。

北京的秋天气温适宜，一般平均气温 22℃ 以下，空气湿度低，少云。

#f1e02a

常见秋色叶树种有银杏、火炬树和元宝槭等，落叶多为金黄、橙黄色或红色，与北京的红墙相互映衬。

北京的秋天很适合人们去户外运动，在户外很容易看见五彩斑斓的景色。

* 图中编码为十六进制颜色码，有专门的网站可以根据代码识别颜色。

工业燃煤、民用燃煤和机动车相关的污染物排放和扬尘会导致雾霾的产生。

#b4b591

雾霾主要由二氧化硫、氮氧化物和可吸入颗粒物组成。在天空中经常呈现为带有一点土黄的灰色。

经过不断的治理，近年来空气中 PM2.5 的含量逐渐降低，2013 年到 2018 年间下降了 42%。

雷雨天

"北京遭遇强雷雨天，白昼暗如黑夜"

火烧云

"雨后的北京美哭了！火烧云刷爆朋友圈"

秋高气爽

"黄叶映红墙，开启最美秋景"

雾霾天

"北京再迎雾霾天"

今天，你看 AQI 了吗？

2011 年前后，"空气质量指数"（AQI）一词开始引发社会的关注，并引爆了人们对空气污染持续数年的讨论。在此之前，中国人对雾霾尚没有什么概念，类似的极端空气污染现象被人们误以为是沙尘暴。2013 年 1 月里，北京仅有 5 天不是雾霾天；那一年，世界上污染最严重的 10 个城市有 7 个在中国。"雾霾"入选 2013 年互联网十大热词榜单。AQI 一度成为人们查看天气预报时的主要关注对象。如今，距 2013 年已经过去了 10 年，这些年北京的空气质量有什么变化？你每天是否还有随手查看 AQI 的习惯呢？

雾霾是怎么形成的？

雾霾形成的原因繁杂，但通俗来讲，当污染物排放量大、扩散条件不利时，雾霾就会形成。雾霾的扩散方式分为水平扩散和垂向扩散。水平扩散也被称为"等风来"，垂向扩散则与大气逆温层息息相关。我们都知道，一般来说近地面大气中高度越高，气温越低。但是在晴朗的夜晚，地面散去白天吸收的热量后迅速降温，使地面附近空气的温度也迅速降低。离地面越远的空气受影响越小，温度降低也越慢，因此上层的温度反而高于下层，形成"逆温层"。由于逆温层中低处的气压高于高处的气压，无法产生垂向空气对流，导致空气污染物聚集在地表，形成雾霾。

2014 年 1 月—2017 年 6 月

请由上至下阅读

黑色加粗的线表示每年 1 月份的 AQI 数据。

2014 年 1 月

2014 年 1 月 31 日，甲午年正月初一。

2 月
3 月
4 月
5 月
6 月
7 月
8 月

2014 年 11 月 7 日至 12 日亚太经济合作组织（APEC）峰会在北京举行，通过超常规治理手段，峰会期间空气质量大幅提升，"APEC 蓝"成为当时的热点。

9 月
10 月
11 月
12 月

2015 年 1 月

2015 年 2 月 19 日，乙未年正月初一。

2 月
3 月
4 月

2015 年 8 月 20 日至 9 月 3 日，北京市将举行国际田联世界田径锦标赛和中国人民抗日战争暨世界反法西斯战争胜利 70 周年纪念活动，有关部门借鉴 APEC 峰会期间空气质量保障经验，重点在机动车、工业企业、施工工地等方面实施临时性管控措施，"阅兵蓝"再次火爆互联网。

5 月
6 月
7 月
8 月
9 月
10 月
11 月
12 月

2016 年 2 月 8 日，丙申年正月初一。

2016 年 1 月

2015 年 12 月 7 日晚，北京首次启动空气重污染红色预警，12 月 10 日中午 12 时，红色预警结束，12 月 8 日至 10 日红色预警期间，全市工业企业停限产、施工工地停工、机动车单双号行驶、中小学和幼儿园停课。预警结束后，北京市委、市政府向全市两千多万人民发出感谢信，感谢预警期间全体市民积极参与应急减排，为有效遏制空气重污染恶化做出重大贡献。

2 月
3 月
4 月
5 月
6 月
7 月
8 月

2016 年 12 月 16 日 20 时至 12 月 21 日 24 时，北京市再次启动空气重污染红色预警措施，中小学于 12 月 19 日至 21 日停课。

9 月
10 月
11 月
12 月

2017 年 1 月

2017 年 1 月 28 日，丁酉年正月初一。

2 月
3 月
4 月
5 月
6 月

2017 年 7 月

8 月

9 月

10 月

11 月

12 月

2018 年 1 月

2 月

2018 年 2 月 16 日，戊戌年正月初一。

3 月

4 月

5 月

6 月

7 月

8 月

9 月

10 月

11 月

12 月

2019 年 1 月

2 月

2019 年 2 月 5 日，己亥年正月初一。

3 月

4 月

5 月

6 月

7 月

8 月

9 月

10 月

11 月

12 月

2020 年 1 月 25 日，庚子年正月初一。

2 月

2020 年 1 月

3 月

4 月

中间大图展示了 2014 年 1 月至 2020 年 12 月北京市空气污染指数的变
化趋势。"山峰"的高度越高表示 AQI 的值越大。可以看出"山峰"
的高度以 12 个月为周期有规律地起伏，冬季空气质量较差的概率大于
夏季。这 7 年来，"山峰"的起伏逐渐趋于平稳。
2012 年 2 月 29 日环境保护部（现生态环境部）和国家质量监督检验检
疫总局联合发布了新修订的《环境空气质量标准》，新标准增加了细颗
粒物 PM2.5 和臭氧 8 小时浓度限值监测指标，从此北京市污染物监测
增至 6 项。右侧图展示了 2014 年至 2020 年这 7 年的 6 项污染物的平
均年趋势，除臭氧外的 5 项污染物均呈现出冬季排放量大于夏季的规律，
而臭氧与它们相反。

5 月

6 月

7 月

8 月

9 月

10 月

11 月

12 月

AQI 是什么意思？

AQI（Air Quality Index），即空气
质量指数。2012 年 2 月国家发布
了新的空气质量评价标准，新的标
准中参与评价的大气污染物为二氧
化硫（SO_2）、二氧化氮（NO_2）、
一氧化碳（CO）、臭氧（O_3）、
可吸入颗粒物（PM10）、细颗粒
物（PM2.5）6 项。AQI 将这 6 项
污染物用统一的评价标准呈现。根
据污染物的排放量和浓度限值，计
算出每一种污染物的分指数，分指
数最大的污染物为当日首要污染
物，其分指数作为当日 AQI。需要
注意的是，AQI 为主要污染物污染
程度的定量表征，并不代表污染物
浓度。

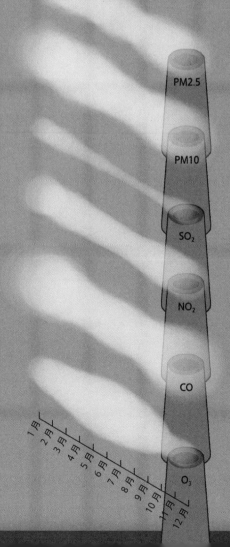

PM2.5

PM10

SO_2

NO_2

CO

O_3

1 月 2 月 3 月 4 月 5 月 6 月 7 月 8 月 9 月 10 月 11 月 12 月

赏景

大自然是美好、令人向往的，人们对自然有着天生的依恋。对于被钢筋水泥包围的城市居民来说，美好的自然环境总是显得稀缺、珍贵。在身边寻找自然美景，便成为了生活在城市里的人们孜孜以求的梦想和目标。

于是，人们发明了"园"，这是一种由自然元素组成、由人工营建的城市景观。从古代的皇家园林、私家园林，再到现代的城市公园、郊野公园，"园"的设计不断更新换代，"园"中的景物不断变化、发展，但都寄托着城市人们对自然风景不变的热爱和向往。

北京作为一座古城，园林资源相当丰富。这里有天下驰名的皇家园林，还有大家不那么熟知，但同样丰富有趣的私家园林，更有大大小小数不清的各类公园。这些大大小小的园林组合在一起，彼此串接相连，与自然景色一起，形成了一张规模巨大的园林网，让北京成为了世界上绿化覆盖最好的城市之一，为生活在其中的市民们提供了亲近自然、放松身心的好去处。

北京有多绿？

北京的绿地总面积超过一万平方千米！其中都有哪些类型呢？
它们之间有着怎样的关系呢？各种公园都分布在哪里呢？哪一
种的面积比较大、数量比较多呢？让我们一起来找找答案吧！

在绿地图里发现了什么？

在本页左侧，是北京地图，我们看到的各色斑
块均为区域绿地。它们有不同的功能，有的是
为了保护生态环境，有的风景优美可供人们游
赏，有的包含了重要的文化遗产。
你可以通过右侧的图谱
来了解不同颜色区域的
绿地类型。有没有你
熟知的区域呢？

北京喇叭沟原始森林公园

北京延庆硅化木国家地质公园

北京崎峰山国家森林公园

北京密云云蒙山国家

龙庆峡－松山－古崖居
风景名胜区

慕田峪长城风景名胜区

密云水

北京野鸭湖国家湿地公园

八达岭－十三陵风景名胜区

怀柔滨河森林公园

大运河源头遗址公园

潮白河森林公园

沙河湿地公园

汉石桥湿地
自然保护区

翠湖国家城市湿地公园

顺义新城滨河森林公园

温榆河公园

百望山森林公园

奥林匹克森林公园

香山公园

颐和园

大运河森林公园

北京西山国家森林公园

小龙门国家森林公园

潭柘寺－戒台寺
风景名胜区

百花山风景名胜区

石花洞国家风景名胜区

南苑森林湿地公园

台湖公园

青龙湖森林公园

南海子公园

霞云岭国家森林公园

马驹桥湿地公园

东南郊湿地公园

北京十渡国家地质公园

琉璃河国家考古遗址公园

大兴古桑国家森林公园

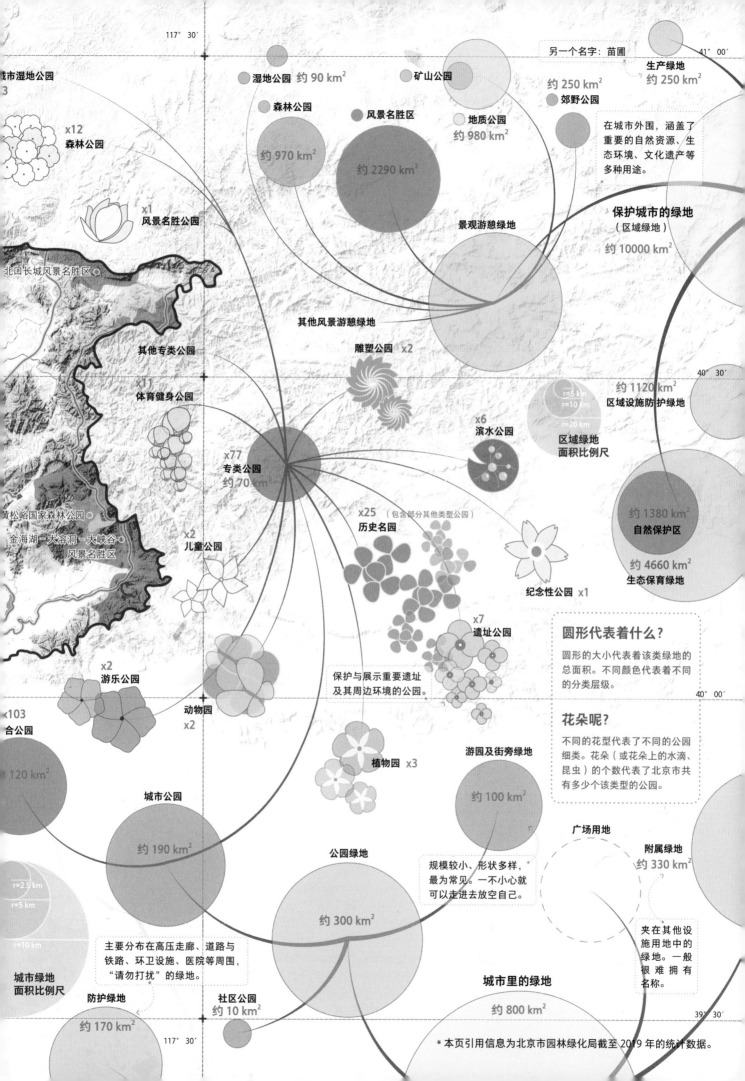

城市湿地公园
3

x12
森林公园

x1
风景名胜公园

北回长城风景名胜区 ○

其他专类公园

黄松峪国家森林公园 ○

金海湖－大溶洞－大峡谷
风景名胜区

体育健身公园

x11

x2
儿童公园

x2
游乐公园

x103
合公园

120 km²

城市公园

约 190 km²

r=2.5 km
r=5 km
r=10 km

城市绿地
面积比例尺

防护绿地

约 170 km²

主要分布在高压走廊、道路与
铁路、环卫设施、医院等周围，
"请勿打扰"的绿地。

社区公园
约 10 km²

湿地公园 约 90 km²

森林公园

风景名胜区

约 970 km²

约 2290 km²

景观游憩绿地

其他风景游憩绿地

雕塑公园 x2

矿山公园

地质公园
约 980 km²

x77
专类公园
约 70 km²

x25 （包含部分其他类型公园）
历史名园

保护与展示重要遗址
及其周边环境的公园。

动物园
x2

植物园 x3

公园绿地

约 300 km²

城市里的绿地

约 800 km²

x6
滨水公园

x7
遗址公园

纪念性公园 x1

游园及街旁绿地

约 100 km²

规模较小、形状多样，
最为常见。一不小心就
可以走进去放空自己。

广场用地

约 250 km²
郊野公园

在城市外围，涵盖了
重要的自然资源、生
态环境、文化遗产等
多种用途。

保护城市的绿地
（区域绿地）
约 10000 km²

r=5 km
r=10 km
r=20 km

区域绿地
面积比例尺

约 1120 km²
区域设施防护绿地

约 1380 km²
自然保护区

约 4660 km²
生态保育绿地

圆形代表着什么？
圆形的大小代表着该类绿地的
总面积。不同颜色代表着不同
的分类层级。

花朵呢？
不同的花型代了不同的公园
细类。花朵（或花朵上的水滴、
昆虫）的个数代表了北京市共
有多少个该类型的公园。

附属绿地
约 330 km²

夹在其他设
施用地中的
绿地。一般
很难拥有
名称。

* 本页引用信息为北京市园林绿化局截至 2019 年的统计数据。

群园荟萃

北京市有 360 个注册公园（2020 年统计），它
们兴建于不同时期，各具特色、包罗万象。
本页图取北京各公园之中的著名景
物再组织而成。让我们在这个
全新而又熟悉的虚拟公
园中，领略北京公
园的无限风
光吧！

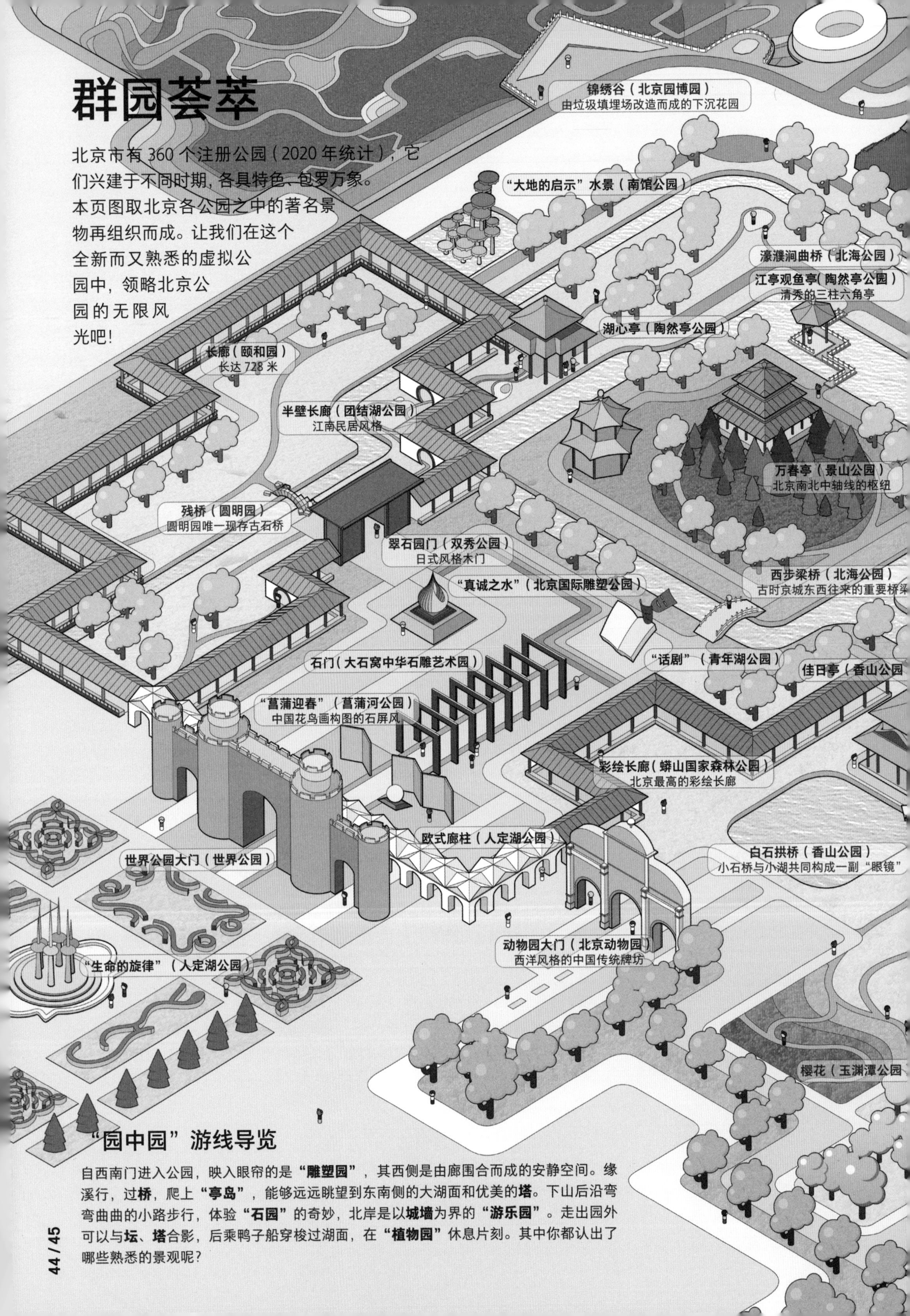

锦绣谷（北京园博园）
由垃圾填埋场改造而成的下沉花园

"大地的启示"水景（南馆公园）

濠濮涧曲桥（北海公园）

江亭观鱼亭（陶然亭公园）
清秀的三柱六角亭

湖心亭（陶然亭公园）

长廊（颐和园）
长达 728 米

半壁长廊（团结湖公园）
江南民居风格

万春亭（景山公园）
北京南北中轴线的枢纽

残桥（圆明园）
圆明园唯一现存古石桥

翠石园门（双秀公园）
日式风格木门

西步梁桥（北海公园）
古时京城东西往来的重要桥梁

"真诚之水"（北京国际雕塑公园）

"话剧"（青年湖公园）

佳日亭（香山公园）

石门（大石窝中华石雕艺术园）

"菖蒲迎春"（菖蒲河公园）
中国花鸟画构图的石屏风

彩绘长廊（蟒山国家森林公园）
北京最高的彩绘长廊

欧式廊柱（人定湖公园）

世界公园大门（世界公园）

白石拱桥（香山公园）
小石桥与小湖共同构成一副"眼镜"

动物园大门（北京动物园）
西洋风格的中国传统牌坊

"生命的旋律"（人定湖公园）

樱花（玉渊潭公园）

"园中园" 游线导览

自西南门进入公园，映入眼帘的是**"雕塑园"**，其西侧是由廊围合而成的安静空间。缘
溪行，过**桥**，爬上**"亭岛"**，能够远远眺望到东南侧的大湖面和优美的**塔**。下山后沿弯
弯曲曲的小路步行，体验**"石园"**的奇妙，北岸是以**城墙**为界的**"游乐园"**。走出园外
可以与**坛**、**塔**合影，后乘鸭子船穿梭过湖面，在**"植物园"**休息片刻。其中你都认出了
哪些熟悉的景观呢？

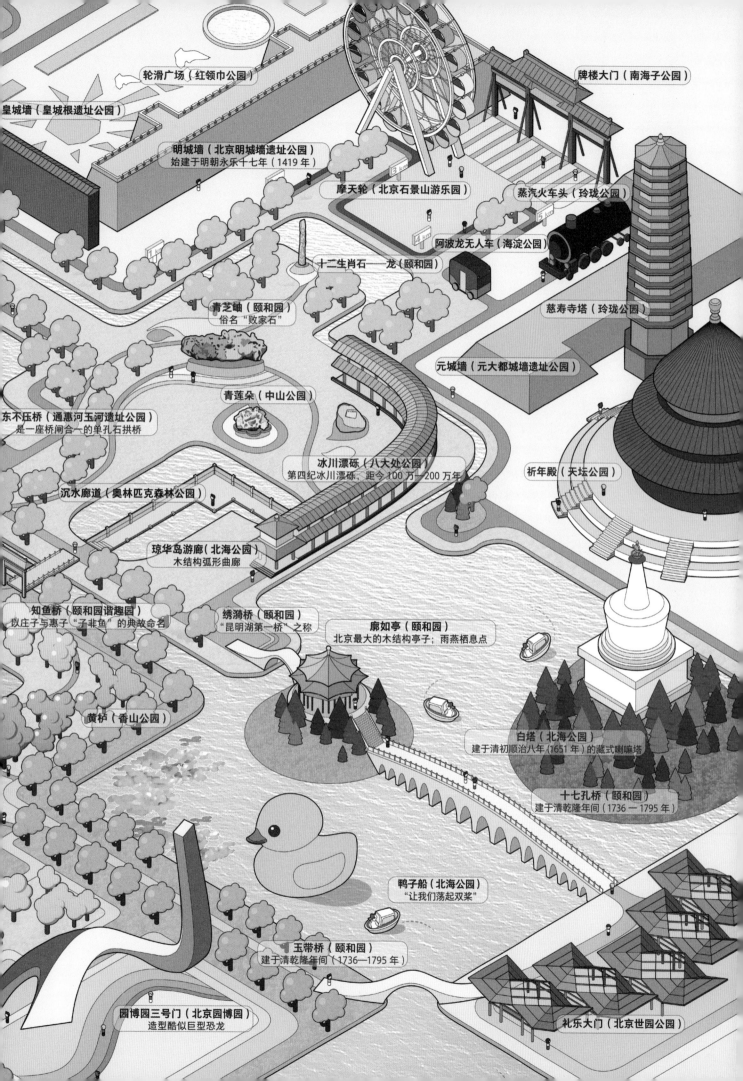

轮滑广场（红领巾公园）

牌楼大门（南海子公园）

皇城墙（皇城根遗址公园）

明城墙（北京明城墙遗址公园）
始建于明朝永乐十七年（1419 年）

摩天轮（北京石景山游乐园）

蒸汽火车头（玲珑公园）

阿波龙无人车（海淀公园）

十二生肖石——龙（颐和园）

慈寿寺塔（玲珑公园）

青芝岫（颐和园）
俗名"败家石"

元城墙（元大都城墙遗址公园）

青莲朵（中山公园）

东不压桥（通惠河玉河遗址公园）
是一座桥闸合一的单孔石拱桥

冰川漂砾（八大处公园）
第四纪冰川漂砾，距今 100 万—200 万年

祈年殿（天坛公园）

沉水廊道（奥林匹克森林公园）

琼华岛游廊（北海公园）
木结构弧形曲廊

知鱼桥（颐和园谐趣园）
似庄子与惠子"子非鱼"的典故命名

绣漪桥（颐和园）
"昆明湖第一桥"之称

廊如亭（颐和园）
北京最大的木结构亭子；雨燕栖息点

黄栌（香山公园）

白塔（北海公园）
建于清初顺治八年 (1651 年) 的藏式喇嘛塔

十七孔桥（颐和园）
建于清乾隆年间（1736 — 1795 年）

鸭子船（北海公园）
"让我们荡起双桨"

玉带桥（颐和园）
建于清乾隆年间（1736—1795 年）

园博园三号门（北京园博园）
造型酷似巨型恐龙

礼乐大门（北京世园公园）

皇帝如何逛公园？

自康熙帝"避喧听政"建造园林开始，一座座皇家园林出现在了京城的土地上，最终形成了以皇家园林为核心，由私家园林、军营、寺庙、水利设施等其他元素共同构成的"三山五园"园林体系。我们策划了一场虚拟的展览，以图纸和模型向大家介绍这个园林体系。

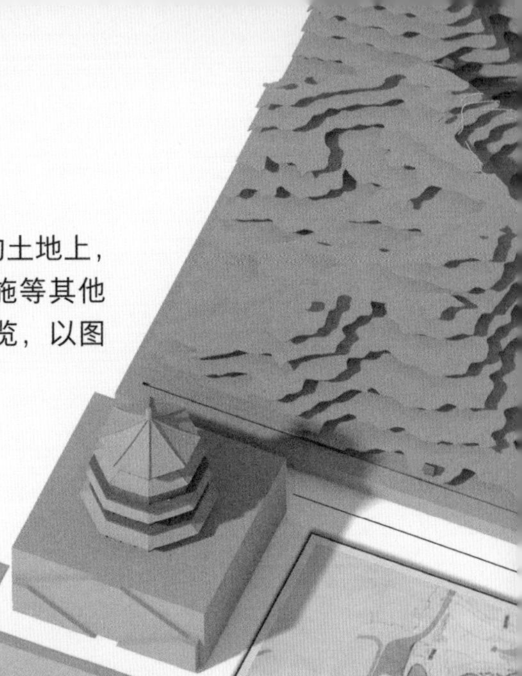

清漪园的造山理水

清漪园的山水布局模仿杭州西湖；经过对山形、水面的整理，山水结合更加紧密，前山形成了山水对位的关系，后山形成了两山夹水的格局。

盖湖之成以治水山之名以临湖阮具湖山之胜慨能无亭台之点缀故雇直因文缘事有相出内帑给雇起而朴素祛藻饰敦或逾于昔一如圆明园旧制无敢或虽然圆园后记有云：

575 m

528 m

中国尊

杭州
西湖

清漪园
整修前

清漪园
整修后

万寿山 - 清漪园

天然山水园。乾隆以治水为名，兴修清漪园。清漪园山水结合，形成了风格迥异的两部分景区。前湖开阔，为视觉重心；后山后湖区开凿溪河，沿溪两岸建造多个小型园中园，有静谧野趣的风格。清漪园西向借景玉泉山和远处的西山，形成多层次的山景。以万寿山上的佛香阁为主。

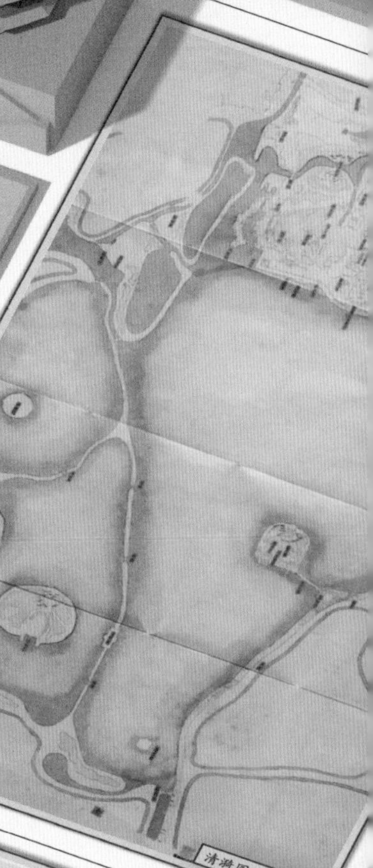

清漪园地盘画样

香山 - 静宜园

天然山地园。分为内垣、外垣、别垣。其中，"西山晴雪"也是"燕京八景"中的一景，高 575 米，二十八景。园中分布着"香山中国尊（北京中信大厦）与其高度大致相同。香山静宜园最高峰为香炉峰，俗称"鬼见愁"。

香山
静宜园

香山全图
清嘉庆五年

畅春园地盘样
清道光十六年

琉璃塔

琉璃塔是七层八角形楼阁式塔，建于乾隆四十五年（1780 年），宗镜大昭之庙内，为静宜园标志性建筑物。

香山红叶

著名的香山红叶指的并不是枫树的叶子，而是黄栌树叶。黄栌树叶为椭圆形，秋季显现出火红的颜色。香山的黄栌是清代乾隆年间栽植的。

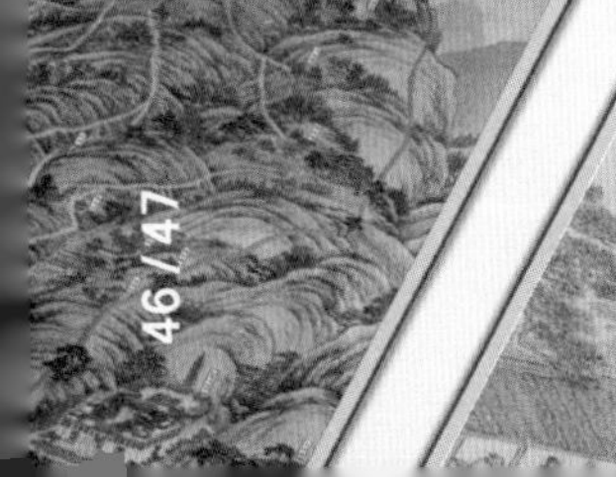

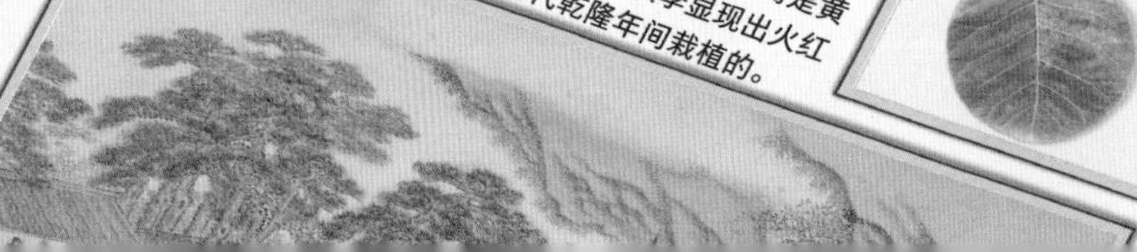

玉泉山
静明园

万寿山
清漪园

圆明园

长春园

绮春园

城府村

熙春园

畅春园

海淀镇

"一池三山"

"一池三山"是传统造园手法，指在大面积水面中建造三座小岛。三座小岛对应传说中东海的三座仙山。此传统始于秦始皇修建兰池宫时在池中堆砌三座岛屿。汉建章宫太液池、唐大明宫太液池和清漪园湖面等水景也使用了这个手法。

圆明园
福海

圆明园

人工山水园，将"圆明园四十景"等众多景点浓缩到一个园中的万园之园。景点和布置多有象征意义，如紫碧山房景区位于圆明园西北角，是全园最高假山，为昆仑山的代表；福海为东海的代表。九洲清晏景区得自"禹贡九州"，寓意整个天下；

圆明园地盘全图 清样式房绘制
清乾隆四十四年前后

《圆明园四十景图》之蓬岛瑶台
清乾隆九年前后

畅春园

人工山水园。康熙皇帝在北京西北郊为"避喧听政"建造的第一座皇家园林。

如何找到畅春园？

畅春园范围内现有北京大学教工住宅区、畅春园新宿舍区、北达资源中学等。畅春园现仅有恩佑寺、恩佑两寺山门遗存。

玉泉山 - 静明园

天然山水园。山景为主，水景为辅。山不过 50 米高，但寺庙众多。五个湖形成五个小尺度水园。

水园的营建

湖面宽度均控制在 300 米以内，根据"百尺为形，千尺为势"的理论，这个宽度是隔岸远观建筑主景的最佳视距。

静明园地盘样
清样式房绘制

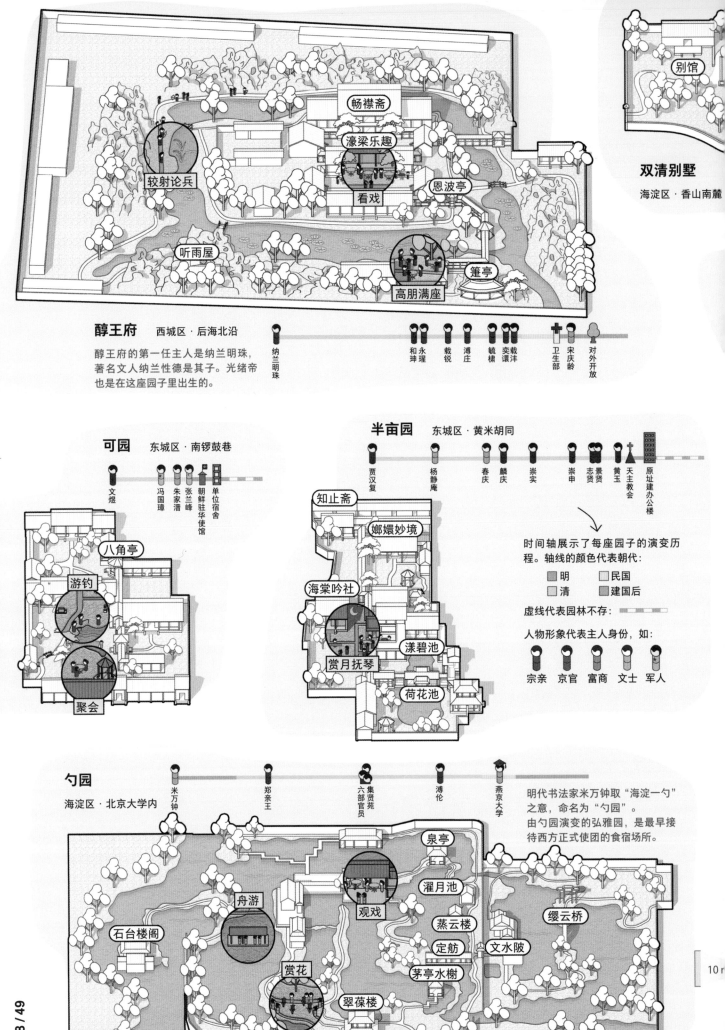

畅襟斋

濠梁乐趣

看戏

较射论兵

恩波亭

听雨屋

筝亭

高朋满座

双清别墅

海淀区·香山南麓

别馆

醇王府　西城区·后海北沿

醇王府的第一任主人是纳兰明珠，著名文人纳兰性德是其子。光绪帝也是在这座园子里出生的。

纳兰明珠　和珅·永瑆　载锐　溥庄　毓桦　奕譞·载沣　卫生部　宋庆龄　对外开放

可园　东城区·南锣鼓巷

文煜　冯国璋　朱家潜　张兰峰　朝鲜驻华使馆　单位宿舍

八角亭

游钓

聚会

半亩园　东城区·黄米胡同

贾汉复　杨静庵　春庆·麟庆　崇实　崇申　志贤·景贤·黄玉　天主教会　原址建办公楼

知止斋

娜嬛妙境

海棠吟社

赏月抚琴

漾碧池

荷花池

时间轴展示了每座园子的演变历程。轴线的颜色代表朝代：

明　民国　清　建国后

虚线代表园林不存：

人物形象代表主人身份，如：

宗亲　京官　富商　文士　军人

勺园　海淀区·北京大学内

米万钟　郑亲王　六部官员·集贤苑　溥伦　燕京大学

明代书法家米万钟取"海淀一勺"之意，命名为"勺园"。由勺园演变的弘雅园，是最早接待西方正式使团的食宿场所。

泉亭

濯月池

蒸云楼

定舫

茅亭水榭

樱云桥

文水陂

翠葆楼

赏花

舟游

观戏

石台楼阁

10 m

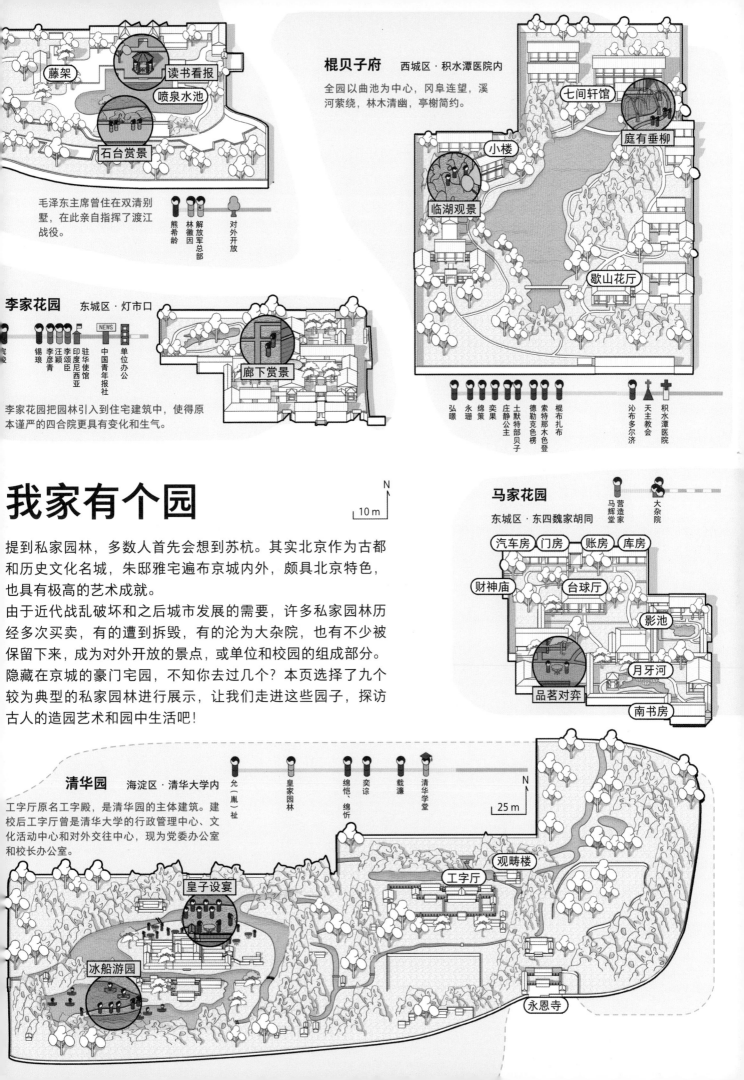

藤架

读书看报

喷泉水池

石台赏景

毛泽东主席曾住在双清别墅，在此亲自指挥了渡江战役。

熊希龄　解放军总部　林徽因　对外开放

棍贝子府　西城区·积水潭医院内

全园以曲池为中心，冈阜连望，溪河萦绕，林木清幽，亭榭简约。

七间轩馆

庭有垂柳

小楼

临湖观景

歇山花厅

弘曧　永珊　绵策　奕果　庄静公主　土默特部贝子　德勒克色楞　索特那木色登　棍布扎布　沁布多尔济　天主教会　积水潭医院

李家花园　东城区·灯市口

锡琅　李彦青　汪颜青　李颂臣　印度尼西亚　驻华使馆　中国青年报社　单位办公　NEWS

廊下赏景

李家花园把园林引入到住宅建筑中，使得原本谨严的四合院更具有变化和生气。

我家有个园

N
10 m

提到私家园林，多数人首先会想到苏杭。其实北京作为古都和历史文化名城，朱邸雅宅遍布京城内外，颇具北京特色，也具有极高的艺术成就。

由于近代战乱破坏和之后城市发展的需要，许多私家园林历经多次买卖，有的遭到拆毁，有的沦为大杂院，也有不少被保留下来，成为对外开放的景点，或单位和校园的组成部分。隐藏在京城的豪门宅园，不知你去过几个？本页选择了九个较为典型的私家园林进行展示，让我们走进这些园子，探访古人的造园艺术和园中生活吧！

马家花园　东城区·东四魏家胡同

马营造堂家　大杂院

汽车房　门房　账房　库房

财神庙　台球厅

影池

月牙河

品茗对弈

南书房

清华园　海淀区·清华大学内

工字厅原名工字殿，是清华园的主体建筑。建校后工字厅曾是清华大学的行政管理中心、文化活动中心和对外交往中心，现为党委办公室和校长办公室。

允（胤）祉　皇家园林　绵恺、绵忻　奕誴　载濂　清华学堂

N
25 m

观畴楼

工字厅

皇子设宴

冰船游园

永恩寺

蓟门烟树

「蓟门烟树」一景现在位于西直门外的元代土城遗址，其中「烟树」指的是旧时城墙内外葱郁如云烟的树林。这里曾经春天树木茂盛，秋来黄栌似火，蓟草遍地，从古到今，都是人们踏青野游的热门景点。

银锭观山

位列八景之外，还有一处同样不容忽略的名胜，就是藏匿在老北京市井中的「银锭观山」。「银锭」指的是什刹海上的一座小石桥，桥上地势较高，在古时南北可见德胜门城楼、白塔山，西可望西山、什刹海，从而得「观山」美名。

玉泉趵突

从古至今，玉泉山上的「玉泉」都是京城的重要水源之一，这里流泉密布，泉水清澈甘甜，被乾隆封为「天下第一泉」。玉泉山上还流传着黑龙驮塔，以镇神泉的传说，可见北京人对玉泉水的情感之深。令人叹息的是，从金章宗的「玉泉垂虹」到乾隆「玉泉趵突」，这处风景也见证着北京水资源的变化。

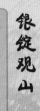

居庸叠翠

居庸关是长城的一个关口，层峦叠翠，关隘雄伟，山势险要，长期作为北京的西北门户，是北京城坚实的屏障。居庸关长城沧桑的砖墙见证了明军筑关、破元，后又被李自成攻破的历史，记录了北京城的沧桑岁月。

西山晴雪

谈到西山的美景，大家首先想到的可能都是层林尽染的红叶，殊不知，银装素裹的西山也别具一格。西山风景秀美，寺院荟萃，大雪初晴，既可远观也宜近赏。西山位于京城险要之地，受到历代帝王重视，登上山顶，便可俯瞰北京，收获绝佳的城市风景。

北

燕京八景图

相信绝大多数在北京生活过的人，对"燕京八景"都不会陌生，它所指的北京的八处风景名胜，是人工建筑与自然景色的有机结合。

燕京八景历史悠久，最早得名于金代，自金代《明昌遗事》一书中开始列有燕山八景之名目。历朝历代，燕京八景均在文士、百姓之间广为流传，在朝代演替的过程中，燕京八景曾经历过更名、换景，直到清代乾隆年间才终于稳定下来。

金台夕照

"黄金台"曾经出现在李白的诗中，"燕昭延郭隗，遂筑黄金台"称颂的是燕昭王礼贤下士的故事。有人说"金台夕照"原名"道陵夕照"，它究竟在哪儿也没人能说得清楚，因此乾隆皇帝索性题碑，将"金台夕照"一景定在今天朝阳门外的一处土堆。

琼岛春阴

乾隆十八年（1753 年），皇帝在北海琼华岛东边立了一座石碑，上面写着"琼岛春阴"。这一景记录的是站在白塔脚下的悦心殿处，可以一览琼华岛上苍松翠柏、山石俏丽的体验。"琼岛春阴"所在的北海公园还是我国传统园林文化中"一池三山"式构园的典范，太液池和琼华岛就是园中的"一池"与"一山"，它们代表着帝王对于仙境的想象。

太液秋风

明成祖朱棣在迁都北京时，就曾效仿汉武帝的建章宫，开凿太液池，修建宫苑。而康熙年间建造的水云榭，更是太液池秋季观景的绝佳地点，四周水天相接，碧波荡漾，荷花朵朵。向北还能看到琼华岛万绿丛中的白塔。清代时，太液池畔活动丰富，皇帝会在中秋佳节举行射箭、龙舟比赛等活动并赐宴泛舟，传为佳话。

卢沟晓月

乾隆题写的"卢沟晓月"石碑位于永定河畔的卢沟桥头，这里四通八达，是古代商贾进出北京城的重要途径。而"晓月"代表的正是"商旅早行"的景象：卢沟桥头，商人伴着朦胧的月色匆匆赶路，这里发生过震惊中外的"七七事变"，也见证了永定河断流，好在随着近年来的南水北调，老北京人记忆中"卢沟晓月"的景色如今又得以重现。

品类繁多的"八景"

其实，在偌大的北京城，除了乾隆敲定的官方燕京八景，还有远近郊区的各区"八景"——"民间燕京八景"，西山八大处"外八景"等说法。例如不属于乾隆燕京八景，但依旧家喻户晓的"银锭观山"就位列"民间燕京八景"之中。

而无论是哪八景，共同围绕的数字"八"都表达了"丰富多彩"的吉祥寓意。八个为一组凑成代表性名号的命名方式，也体现在北京的方方面面中，成为了固定的文化符号，如名胜"八大处"，糕点"京八件"，美食"山八珍""海八珍"等等。

总而言之，纵然"八景"名录各家说法不同，文化和历史上"八景"确立的出发点也各色各异，燕京八景都作为北京具有特色的景色，代表和传递着这座古都美丽的自然与人文风光。

南

北京绿道线路图

自行车骑行是时尚的健身休闲方式，你是否注意到北京的这些公园和线路自身形成了一个庞大的绿道网络？

截至 2021 年，北京市的城市绿地总面积为 931 平方千米，包含 300 多个大大小小的公园，人均公园绿地面积 16.62 平方米。你在日常生活中经常游览的或许只有两三个公园，那么不妨沿着本页的绿道走走，探索一些你不曾体验过的公园与绿地吧！

北京绿道线路图

当你行走在公园或路旁时，若是看到了右侧的标志，代表你已经步入绿道系统内了！除了这一明显的标志之外，试着在路面上找找其他的标志吧。

北京绿道标志

步行标志

骑行标志

方向指示

综合慢行道分割线

北京绿道
Beijing Greenway

绿道是什么？

绿道是基于绿色空间的专门为步行和自行车服务的公共空间系统，包括绿道线路和绿道节点两个基本要素。到 2020 年，北京市城市公共交通出行比例达到 55%，自行车出行比例达到 18%。绿道将成为倡导绿色出行的重要举措。

绿道（greenway）一词在 1959 年首次出现，之后被美国官方认可并推广开来。由弗雷德里克·劳·奥姆斯特德（Frederick Law Olmsted）在美国波士顿规划的一条呈带状分布的城市公园系统，也叫"翡翠项链"，通常被认为是世界上第一条绿道。

北京都有哪些绿道？

右侧图中的北京绿道体系由"市级绿道—区县级绿道—社区级绿道"三个层次的绿道构成，范围涉及整个北京市域，包括北京十六个区县的全部辖区。北京将基于此建设一系列的生态绿道、风景绿道、历史文化绿道和城市绿道。

总体来看，这些绿道线路和节点形成了一套类似于地铁线路网的空间结构。这些充满故事与风光的线路等待着你去不断探索！

北京第一条绿道在哪儿？

北京营城建都滨水绿道北起木樨地玉渊潭公园，南至永定门公园，这条绿道也是北京市城区第一个绿道系统。该绿道沿线包括天宁寺、白云观、大观园、陶然亭、永定门等景点。试着在图上找到它的位置吧。

松山　野鸭湖国家湿地公园　世园会公园　延庆新城　八达岭　居庸关　龙庆

十三陵
蟒山国家森林公园
十三陵水库

昌平新城

翠湖国家城市湿地公园

巩华城

海淀区集体生态林　稻香湖公园　百望山森林公园　圆明园

北京植物园

团城演武厅　玉泉山　颐和园　清华大学　海淀公园

丹青圃公园　玉东郊野公园　巴沟山水园　南长河公园

斋堂　雁翅　白虎涧风景区　玉泉公园

北京鹫峰国家森林公园　园外园茶棚公园

自在香山公园　国家图书馆

西郊砂石坑公园　车道沟公园

门头沟　首钢园　老山

天门山景区　潭柘寺　莲石湖公园　老山城市休闲公园　玲珑公园

永定河休闲森林公园　北京国际雕塑公园　定慧公园　玉渊

北京园博园　小屯公园

戒台寺郊野公园　晓月郊野公园　五里店绿化公园

卢沟桥　万丰公园

北宫国家森林公园　世纪森林公园　丰益公园

云居寺　南宫露营运动乐园　世界公园

长阳公园　狼垡城市森林公园

北京长沟泉水国家湿地公园　清源公园

长沟　天井寺　小清河公园　兴安湖生运动公园

琉璃河湿地公园

周口店猿人遗址　北京迎宾公园

牛口峪湿地公园　青龙湖　房山新城　野生动物园

燕山脚下的山水胜境

西翼山水绿道
西翼山水绿道连接了包括青龙湖和潭柘寺在内的北京西部山区的主要风景区和森林公园。

绿色二环

郊野休闲环绿道
郊野休闲环绿道将整合 30 余个郊野公园，无论是颐和园或是望京，通过这条环线都可以畅行前往。

骑行在长城边上

北翼山水绿道
北翼山水绿道以历史景观为主要特色，沿途串联十三陵、八达岭等历史景观。

潮白河畔的新城

东翼大河绿道
东翼大河绿道系统立足于几大团式新城空间结构，将成为新城和村镇绿色出行的主干道。

*绿道线路图只展示线路关系，不反应景点真实位置。

黑龙潭

慕田峪　青龙峡　密云新城

怀柔水库

怀柔新城

桃峪口水库

顺义奥林匹克水上公园

桃花海

平谷城北
湿地公园

平谷琴湖公园

顺义新城生态休闲公园

减河公园　长青林场公园

昌平新城滨河森林公园

马坡千亩森林公园

顺义新城
滨河森林公园

顺义新城　平谷新城

花博会主题公园

温榆河公园

金海湖

沙河水库　未来科学城滨水公园　清锦源体育公园

新国展中心

八家郊野公园

东小口
城市森林公园

清河营郊野公园

优山美地河堤公园

丽宫体育公园

奥林匹克森林公园　天通苑

○寺公园

元大都遗址公园

北京朝来
森林公园

望京

小杨公园

朝阳四得公园

太阳宫公园

东郊湿地公园

马甸公园

将府公园

潞城药艺公园

西海　什刹海公园　北滨河公园

东风公园

东郊森林公园

醇亲
王府

地坛公园

东直门

京城体育休闲公园

东堡公园

西直门

后海公园

东四奥林匹克
社区公园

恭王府　鼓楼

月坛公园

日坛公园

京城梨园

温榆河
滨河公园

皇城根遗址公园

南礼士路公园

朝阳区平房公园

西单文化广场

东单公园

庆丰公园

漕运文化广场

西海子公园

龙旺庄村公园

西便门

天安门广场

明城墙
遗址公园

兴隆公园

运河广场

减河公园

金中都公园

先农坛

天坛公园

金田公园

城市绿心森林公园

潞城中心公园

陶然亭公园　永定门公园　玉蜓公园

龙潭公园

白鹿公园

万芳亭公园

嘉河公园

大红门

镇海寺郊野公园

古塔公园

大运河森林公园

西引力越野公园

花乡

旺兴湖
郊野公园

鸿博公园

欢乐谷

张家湾公园

国际企业文化园

马家湾湿地公园

河滨公园

东石公园

北京环球度假区

○念坛公园

南海子公园

通明湖公园

大兴　凉水河公园　亦庄新城

马驹桥湿地公园　垛子公园　台湖公园

郊野湿地公园

探秘京城水脉

多廊滨水绿道

无论是向西到颐和园，还是向东去大运河，这些从城中开端的绿道都是游览北京四通八达水脉的绝佳线路。

梁思成的设想

环城公园绿道

梁思成曾设想过北京老城墙改造为环城公园的可能。城墙虽已不在，如今的绿道或许是这一城市绿洲复现的另一种可能。

水岸旁的城市森林

森林公园环绿道

森林公园环绿道以众多森林公园为主要特色，同时还展现了相互辉映的新城与水系景观。

家门口的绿道

区级绿道

除了那些城市重点地段和远郊的市级绿道，你还可以步行前往家附近的区级绿道。

博物

北京是有 2000 多万人生活的超大城市，同时也是数千种动植物和无以计数的微生物的家园。由于地理环境多样，北京的生物多样性在同纬度城市中属于较高水平，历史上曾是外国的生物学家们认识中国生物，了解中国生物最早的窗口之一。

这些多种多样的生物，其生活环境和习性也是千差万别的。有的分布广泛，就在城市中旺盛繁衍甚至随处可见；有的生活在野外的山岭深谷之中，很少有人见到它们；有的则珍贵稀少，只能生活在动物园、植物园中。这些生物的长相也各有特色，有的美丽大方，有的平凡低调，有的凶巴巴甚至让人"讨厌"……

在我们对它们产生主观的好恶之前，不如先睁大眼睛，抱着好奇心，仔细地了解下生活在北京的这些熟悉又陌生的小伙伴们吧！

京城花事

从早春开始，北京就变得热闹起来，许多花逐渐开放，你都能认出它们吗？本页按开花顺序排列，展示了北京常见的 34 类花。这些花可能就生长在公园里、小区中，甚至是路边，如果你有时间，不妨出门去看看吧！

背景有圆形底色的花代表这类花有明显气味

北京园林中常见的玉兰其实包括多个品种：最早开花的是**望春玉兰**，而后**玉兰**、**二乔玉兰**、**紫玉兰**次第开花，最有名的当数颐和园的古玉兰。

毛泡桐是先花后叶的植物，花开时一树紫花，伴有淡淡甜香。

景山栽种**牡丹**最早可以追溯到金代太宁宫时期。与牡丹相似的芍药在景山公园、北海公园均有大面积种植。

元大都遗址公园、北海公园、故宫都是**西府海棠**的热门打卡地。

紫叶李的花小，但一树紫红色的叶子让人印象深刻。

紫丁香是京城常见花卉。法源寺的丁香久负盛名，自明代就有丁香诗会，清代号称"香雪海"，法源寺更因此得名"香刹"。除此之外，天坛公园祈年殿西也有一片丁香林。

玉渊潭公园种植了早、中、晚共计 3000 余株**樱花**，樱花节已经举办了 30 多年。

杜梨是抗寒、抗旱性强的乡土种。想看其他种类的梨花可以大兴庞各庄梨花村瞧瞧！

常见蔷薇科花朵简易识别技巧

先花后叶
- 花梗极短
  - 看枝干 —— 枝干发亮，红铜色 - **山桃**
  - 看花/叶
    - 叶子细长，前端尖 - **碧桃**
    - 花开后萼片反折 - **杏**
    - 花有清香，在北京少见 - **梅**
- 花梗明显 —— 花瓣有缺口 - **樱**

花叶同放
- 花梗较短 —— 叶子宽椭圆形，边缘有明显锯齿 - **榆叶梅**
- 花梗明显
  - 看花色 开花后花从深粉色变浅 - **西府海棠**
  - 看花药
    - 花药黄色 - **李**
    - 花药紫黑色 - **梨**

以上的简易区分方法当然不能概括千姿百态的蔷薇科花朵，我们不妨到大自然中学习和感受。

都是春天的小黄花，连翘和迎春花怎么区分？**连翘**枝条褐色中空，张牙舞爪；**迎春**枝条绿色，匍匐下垂。

碧桃是桃的众多栽培品种之一，花大而多，颜色鲜艳。

榆叶梅顾名思义，花似梅花，叶子像榆树叶一样有锯齿，城市中栽植重瓣的更多。

乘着市郊铁路 S2 线到居庸关，两边的粉色花海多是**山杏**和**山桃**，这种景象在黄花城、河防口等多段长城也能看到。

迎春花开放是北京花季的预告。

在早春的颐和园西堤，**山桃**与垂柳相映成趣。

蜡梅的花不畏严寒，有时自 11 月起就能在卧佛寺等地看到它的身影。

杜梨
牡丹
郁金香
刺
紫
玉兰类
榆叶梅
连翘
西府海棠
樱花类
碧桃
紫叶李
紫丁香
迎春花
山桃
山杏
晚樱
毛泡桐
三色堇
蜡梅

黄菖
鸢

4 月

3 月

* 半圆的时间范围为 2 月到 10 月。

5

水生植物

水生植物根据植物与水的关系分为挺水植物、浮叶植物、沉水植物和漂浮植物。花、叶均在水面之上的**莲**（荷花）属于挺水植物；**睡莲**属于浮叶植物。夏天去奥林匹克森林公园、国家植物园能看到更多形态的水生植物。

夏天到什刹海赏**荷**是北京人的传统消暑活动，北海公园和圆明园也可以观赏到大片荷花。

刺槐（洋槐）4—6月花开时清香扑鼻，制成的槐花饼是老北京的时令小吃。而槐树（国槐）在6、7月开花，花、皮、枝叶、种子均可入药。

中山公园的**紫藤**把枯死的古柏当作花架，攀缘而上，开花时就像瀑布飞泻。

睡莲可不是小一号的荷花！每到下午它就会"自闭"，叶子有圆形和有缺口两种叶形。

如果你在4月底到中山公园和植物园，那一定看到各种各样的**郁金香**和手持"长枪短炮"摄影爱好者！

栾树不仅可以观花，花谢以后会长出灯笼似的蒴果，秋天还有黄叶可观赏。

月季、玫瑰、蔷薇都是"rose"？

月季是直立灌木，有大量园艺品种，花开绵延不绝。1987年，月季与菊花并列成为北京市的市花，近几年每到春夏，在北京的环路中心分隔带上都会形成长达250千米的"月季项链"。花店里被称为"玫瑰"的鲜切花大都是月季，真正的**玫瑰**花小多刺，更适宜加工制成商品。**蔷薇**是5、6月开花的灌木，单个花朵小，花量大，常常装饰在围栏边上。

说到**珍珠梅**的气味嘛……这就见仁见智了！

紫薇因为树干上下粗细相当，一碰树干就会花枝乱颤，又被称为"痒痒树"。

三色堇经常作二年生栽培，即前一年秋天播种，到第二年春夏开花。

暴马丁香是丁香的"加强版"，香气浓郁得让人无法忽略。

四季秋海棠色彩多、花期长，是北京花坛的常见种之一。

萱草虽然跟黄花菜长得相似，但它的地下茎有毒，不能乱吃。

玉簪喜欢林下遮阴的环境，即使不开花，胖圆的大叶子也很有看头。

各类菊

菊科植物可以说是无处不在：北海公园的菊展，奥林匹克森林公园的**向日葵**，花坛、花境中的**百日草**……它们都属于菊科大家庭。我们平常看到的菊花可以根据用途分为四种：一类是花大、造型百变的盆菊，北京的赏菊之风古已有之；第二类是用作插花观赏的切花菊；第三类是用于绿化，可以露地越冬的地被菊；还有一类是茶用、食用菊花。

木槿是北京少见的夏天开花的灌木之一。

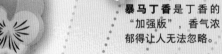

暴马丁香

栾树

萱草　菊类　月季　珍珠梅

玉簪　　紫薇

睡莲　　木槿

季秋海棠

月

7月

8月

9月

四季有景

北京是个四季分明的城市，除了花开花落，树木的叶子、果实的颜色和形态也随着季节推移而变化。如果你有一双善于发现美的眼睛，就会看到北京的四季都有值得记录的风景。

合欢的叶子是二回羽状复叶，这里只是合欢的一片叶子。

撕开杜仲的叶子，会发现有细丝相连。

小心！皂荚树上除了皂荚还有尖利的刺。

"天棚鱼缸石榴树，先生肥狗胖丫头"，石榴是老北京四合院里不可缺少的硬件。

5月1日
9月1日
8月1日
7月1日
3月1日

春天的色彩

春天除了能欣赏各种花朵，叶子也同样丰富。许多植物在春天长出的新叶颜色异于夏季，例如**臭椿**和**元宝槭**，**紫叶李**、**金叶女贞**、**紫叶小檗**等常年异色叶的树木也在增添春天的色彩。

槐是北京市树，也是北京中心城区最常见的行道树之一。**毛白杨**因为长得快、耐旱性强也被广泛栽种，但它的杨絮却让人……阿嚏！

夏天能看到哪些神奇的果子？

夏天成熟的果子里，有不少可以食用，例如**桑葚**、**桃**、**枣**等。在四合院里，这些好吃的植物种得尤其多。但城市绿地里栽种的树木品种多以观赏为目的，它们的果子往往不大好吃，加上污染和药物，不宜采摘或食用。

还有一些形状奇特的果实，例如有翅膀的**元宝槭**翅果，线形的**梓**树蒴果，像小灯笼的**栾**树蒴果。

北京街头常见的美国梧桐和原产中国的梧桐不是亲戚。中国的梧桐在分类上属于锦葵科梧桐属，而北京大量栽种的"梧桐"属于悬铃木科悬铃木属。根据果枝上球状果序的数量，可分为一球悬铃木（美国梧桐）、二球悬铃木（英国梧桐）和三球悬铃木（法国梧桐）。

水杉

银杏

悬铃木类

元宝槭

鹅掌楸

槲树

美国爬山虎（五叶地锦）

栾

七叶树

七叶树被视为佛门圣树，在卧佛寺和潭柘寺都有古七叶树。

黄栌

美国红栌

白桦

11月1日

10月1日

12月1日

北平之秋便是天堂

从 9 月下旬开始，北京就会变成一座多彩的城市。地坛公园、五塔寺、故宫、奥林匹克森林公园和各大校园都是城区赏秋的好去处；在近郊，数香山的名气最大，彩叶以**黄栌**和**元宝槭**为主；到了郊外，昌平、延庆段长城与红叶交织，潭柘寺、戒台寺、红螺寺等古刹中有巨大的古**银杏**；海拔较高的山区有**白桦**和**槲树**等彩叶林，灵山、喇叭沟原始森林公园都能欣赏到层林尽染的景色。

早园竹是北京最常见的竹类，能露地越冬，但也不大能抵受寒风，需要栽种在背风朝南的环境。

柿

早园竹

白皮松

年轻的白皮松树干发绿，并且常呈不规则的片状脱落，像穿着陆军迷彩服。随着白皮松年纪越大，树皮越白。

圆柏

油松

毛白杨

雪松

红瑞木

悬铃木类

金银木

2月1日

冬天还能看什么？

北京的冬天虽然寒冷，仍然有许多常绿植物在风中不改颜色，**油松、圆柏、雪松、白皮松**是其中最常见的几种针叶树。除了观叶，冬天也是仔细观察植物枝干的好机会：树皮似剥落的**悬铃木**，树干上像长了眼睛的**毛白杨**，浑身通红的**红瑞木**。还有一些植物，它们的果子在冬天还挂在枝头，例如**柿、金银忍冬、北美海棠**等，柿树在故宫、天坛和老城区的四合院里都十分常见。

古树之都

作为有着三千多年历史的古都，北京的古树名木之多令人惊叹。这些古老的生命安详地矗立在胡同里、寺庙内、郊野中，记录着城市的自然历史，记录着文明的变迁。它们看似严肃沉默，但如果你耐心观察，就会发现一棵古树包含的信息或许比我们想象的要多，现在让我们尝试用一棵"树"来认识它们吧！

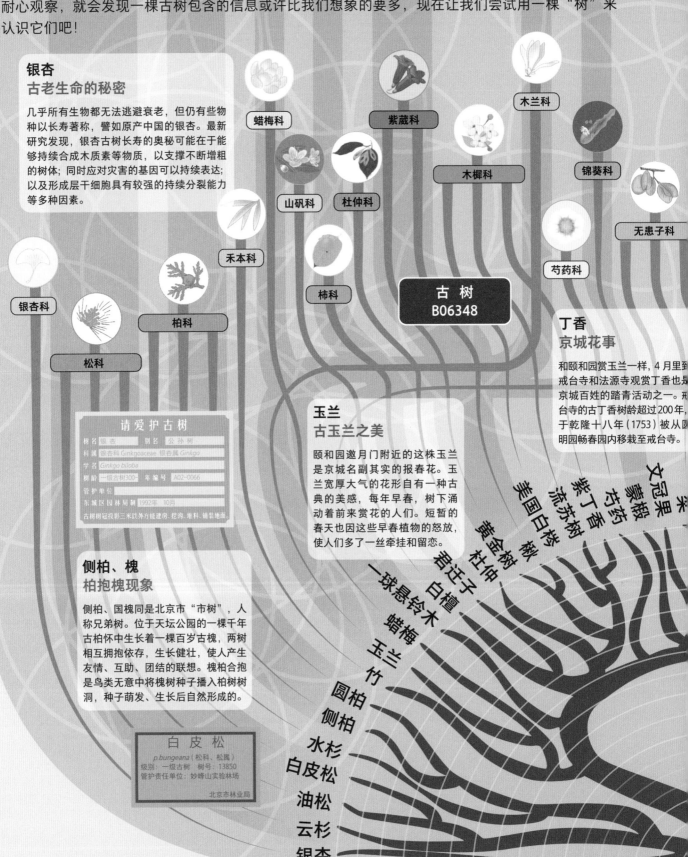

银杏
古老生命的秘密

几乎所有生物都无法逃避衰老，但仍有些物种以长寿著称，譬如原产中国的银杏。最新研究发现，银杏古树长寿的奥秘可能在于能够持续合成木质素等物质，以支撑不断增粗的树体；同时应对灾害的基因可以持续表达；以及形成层干细胞具有较强的持续分裂能力等多种因素。

蜡梅科

紫葳科

木兰科

木樨科

锦葵科

山矾科　杜仲科

禾本科

无患子科

芍药科

柿科

银杏科

柏科

松科

古　树
B06348

请爱护古树

树名　银杏　别名　公孙树
科属　银杏科 Ginkgoaceae 银杏属 Ginkgo
学名　Ginkgo biloba
树龄　一级古树300　年编号　A02-0066
管护单位
东城区园林局制　1992年 10月
古树树冠投影三米以外方能建房、挖沟、堆料、铺装地面。

玉兰
古玉兰之美

颐和园邀月门附近的这株玉兰是京城名副其实的报春花。玉兰宽厚大气的花形自有一种古典的美感，每年早春，树下涌动着前来赏花的人们。短暂的春天也因这些早春植物的怒放，使人们多了一丝牵挂和留恋。

丁香
京城花事

和颐和园赏玉兰一样，4月里到戒台寺和法源寺观赏丁香也是京城百姓的踏青活动之一。戒台寺的古丁香树龄超过200年，于乾隆十八年（1753）被从圆明园畅春园内移栽至戒台寺。

侧柏、槐
柏抱槐现象

侧柏、国槐同是北京市"市树"，人称兄弟树。位于天坛公园的一棵千年古柏怀中生长着一棵百岁古槐，两树相互拥抱依存，生长健壮，使人产生友情、互助、团结的联想。槐柏合抱是鸟类无意中将槐树种子播入柏树树洞，种子萌发、生长后自然形成的。

白皮松

p.bungeana（松科、松属）
级别：一级古树　树号：13850
管护责任单位：妙峰山实验林场

北京市林业局

文冠果
蒙椒
杓药
紫丁香
流苏树
美国白蜡
黄金树
杜仲
君迁子
白檀
一球悬铃木
蜡梅
玉兰
竹
圆柏
侧柏
水杉
白皮松
油松
云杉
银杏

进化年龄　0　18　35　53　70　88　106　123　140　159　176 194 211 229 246 264 282

* 本页物种演化信息来源于 Timetree 网站（http://www.timetree.org/）。

七叶树
真假"圣树"

七叶树叶形宽大，花如宝塔，在古都的寺庙中很常见，然而它本不是佛教典籍中的"圣树"。因为菩提树、娑罗双等树种普遍生存于南亚雨林，很难在温带地区自然生存，所以人们选择了更适应温带气候的七叶树作为替代树种。

蝴蝶槐
古树中的变种现象

柏林寺中的蝴蝶槐属于国槐的变种。其叶片一束束聚生在一起，形似蝴蝶。由于蝴蝶槐只能通过嫁接来培育，因此寺庙中这棵古树极有可能是对园艺感兴趣的僧人们培育养护的。

古树名木

古树是指树龄在 100 年以上的树木，树龄在 300 年及以上的树木为一级古树，100 年到 300 年的为二级古树；名木则是指珍贵、稀有的树木，及具有历史价值、纪念意义的树木。

北京市现有古树名木 4 万余株，其中一级古树 6 千余株，二级古树 3.3 万余株，名木 1 千余株，是全世界保存古树名木最多的大都市。这些古树名木遍布北京，坛庙园林、街巷村镇均有分布，仅古树群就有百余处。

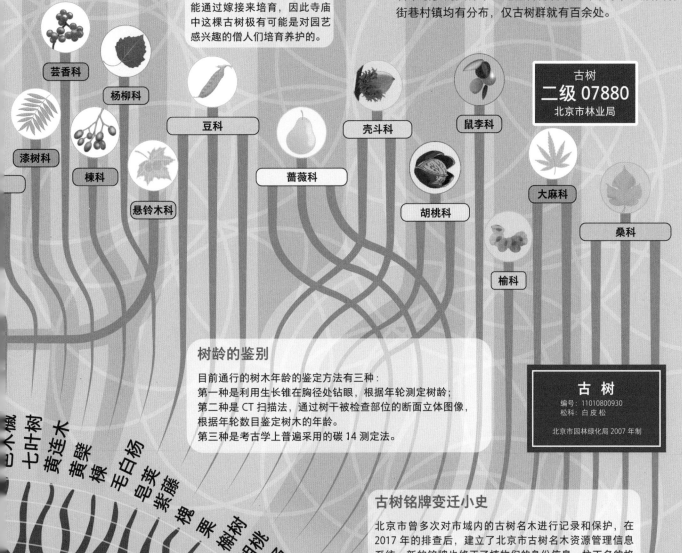

芸香科
杨柳科
漆树科
楝科
豆科
悬铃木科
蔷薇科
壳斗科
鼠李科
胡桃科
大麻科
桑科
榆科

古树
二级 07880
北京市林业局

树龄的鉴别

目前通行的树木年龄的鉴定方法有三种：
第一种是利用生长锥在胸径处钻眼，根据年轮测定树龄；
第二种是 CT 扫描法，通过树干被检查部位的断面立体图像，根据年轮数目鉴定树木的年龄；
第三种是考古学上普遍采用的碳 14 测定法。

古树
编号：11010800930
松科：白皮松
北京市园林绿化局 2007 年制

七叶树
黄连木
黄檗
楝
毛白杨
皂荚
紫藤
槐
栗
槲树
胡桃
枫杨
桃
海棠花
杜梨
枣
榆树
黑弹树
青檀
柘
桑
构

古树铭牌变迁小史

北京市曾多次对市域内的古树名木进行记录和保护，在 2017 年的排查后，建立了北京市古树名木资源管理信息系统，新的铭牌也修正了植物们的身份信息，拉丁名的格式也更加规范，固定方式从直接钉在树上，改为用弹簧绑在树上的方式。新的"身份证"记录了更多信息，而一些尚未及时替换，或是留存在照片里的旧"身份证"，也有自己的小小历史。

为树画一棵树

我们将所有古树的物种信息绘制在了一棵进化树上。"树"的最左端是冰川时代的孑遗物种银杏，右端是演化历史较年轻的蔷薇科、榆科、桑科植物。

我们发现，演化历史古老的生命不仅更早出现，似乎也在人类社会有更强的生命力。我们看到一棵古树时，仿佛也看到了它背后更久的自然历史。

古树（二级）
编号：11010202094
木樨科：紫丁香
学名：Syringa oblata
年代：清朝（约 200 年）
北京市园林绿化局 2017 年制

在北京，不看鸟就可惜了！

北京位于华北平原北端，处于许多候鸟迁徙的必经路线上；自然环境复杂多样，城市及郊野绿化资源丰富。在北京已记录观测鸟种多达 500 余种，一起来看看吧！

◀普通雨燕是 2008 年奥运会吉祥物"妮妮"的原型。它已经成为了北京的一张城市名片。

普通雨燕（北京雨燕）

大嘴乌鸦

◀平日最常观测到的乌鸦是小嘴乌鸦，与其相似的还有大嘴乌鸦，区别是大嘴乌鸦的额头更高，喙也更粗壮。

小嘴乌鸦

红隼

◀高度适应城市生活的猛禽，时常能在城市上空见其翱翔。

◀受我国国民喜爱的"喜鸟"，同时也是韩国国鸟。

喜鹊

虽然都带"燕"但并非一个类别，普通雨燕属雨燕目雨燕科；家燕属雀形目燕科。俗称的燕子指的是家燕。▼

灰喜鹊

大杜鹃

家燕

本生活在中国南方等地，后扩散至北京，经过长时间适▶应繁殖，现已成为北京留鸟。

bēi
白头鹎

绿头鸭

◀在世界范围内所有鹤类中，灰鹤分布最广。

珠颈斑鸠

俗称"野鸽子"，它的颈部点斑可称得上是"密恐"患者的噩梦。

灰椋鸟

dōng
乌鸫

乌鸫在中国主要分布在东南部地区，北京也有分布，是较常见的鸟类，性格胆大不怕人。

pì tī
小䴙䴘

黑水鸡

灰鹤

虽叫树麻雀，在我国的城市中，却喜爱在建筑屋檐下、墙壁管道等地筑巢。

（树）麻雀

鸳鸯在北京原属夏候鸟，而由于城市气候及环境变化，现也可以是旅鸟和留鸟。

鸳鸯

垂直分布

水平分布　　　　城市　　　　　　　　　　　　湖泊湿地

图例

				留鸟
游禽		陆禽		夏候鸟
涉禽		攀禽		冬候鸟
猛禽		鸣禽		旅鸟

观鸟小常识

在不同的时间季节，在北京可以观察到不同的鸟。按照居留类型，可将它们分为留鸟、候鸟（夏、冬）、旅鸟和迷鸟。各鸟种种类占比如下：

留鸟	夏候鸟	冬候鸟	旅鸟

* 鸟类居留信息来自北京市园林绿化局发布的《北京陆生野生动物名录（2021 年）》。

常单独或成对活动的猛禽，是京▶
郊天空中的王者。

金雕

鸮形目的鸟因面部酷似猫而被称为"猫头鹰"。长耳鸮"鸟如其名"，突出特点在其头上一对"长耳"，"长耳"实际上是它的耳羽簇，不具听声功能。真正的耳朵被遮掩在头两侧羽毛下。▼

长耳鸮
xiāo

红嘴蓝鹊

苍鹭

白鹡鸰
jí líng

又称"臭咕咕"。其冠部让人▶
联想到古代女人的头饰"胜"，
名字可被理解为"佩戴'胜'
的鸟"。

戴胜

普通翠鸟

北京常见的啄木鸟
中体形最大的。◀

灰头绿啄木鸟

黄腰柳莺

啄木时用尾支撑身体。
北京最常见啄木鸟。

大斑啄木鸟

国家一级保▶
护鸟类。

翅上金黄色块斑十分醒
目。颜色美丽，鸣声清▶
脆，如铃铛声。

金翅雀

夜鹭

亚种甚多，基本▶
特征相同，但体
羽细部差别大。

环颈雉（雉鸡）

黑鹳

郊野

游禽
趾间有蹼，尾脂腺发达，善于游泳、潜水及在水中捕食，包含雁形目、鹈鹕目等。

涉禽
适应在沼泽和浅水区域生活，多不会游泳，通常表现为"三长"——腿长、颈长、喙长。包含鹤形目、鹳形目等。

猛禽
掠食性或腐食性鸟类，以肉食为主，喙和爪锐利，视觉听觉敏锐，适应捕食。主要包含鹰形目、隼形目、鸮形目。

陆禽
主要在陆地栖息，翅短圆，嘴短钝、坚硬，便于取食，足强壮，善奔走。包含鸡形目、鸽形目。

攀禽
适应攀缘生活，足短而强健，许多鸟除双足外有第三支撑点。食性有很大差异。包含佛法僧目、啄木鸟目等。

鸣禽
进化程度高，种类繁多，分布广泛，形态变化复杂。鸣管结构发达，善于鸣叫。包含雀形目所有类群。

迁徙信息
Information
（城市、国家或地区）

 出发班次 Departures

   到达班次 Arrivals

中转班次 Transfer

中转班次（经停）– Transfer

名称	出发地	到达地	北上经京时间	南下经京时间	航班状态
豆雁	西伯利亚、北极	长江中下游	三月	十月上旬	正常
鸿雁	蒙古	江西鄱阳湖	三至四月	十至十一月	提前
翘鼻麻鸭	蒙古	长江口、东南沿海	三至四月	十至十一月	延误
灰鹤	内蒙古	长江中游	三至四月	十一月初至十二月中	提前
白琵鹭	东北	长江中下游、广东、福建、台湾	三至五月	九至十一月	起飞
卷羽鹈鹕	蒙古西部	长江口	三至五月	九至十一月	正常
白枕鹤	蒙古东部	江西鄱阳湖	四月	十月	正常
红头潜鸭	蒙古东北部	湖北洪湖	四月	十月	正常
鹬	东北北部	长江中下游	四月	十月末至十一月末	延误
乌雕	内蒙古东北部	中国南方地区	四月	十月	取消
游隼	俄罗斯	泰国	四月	十一月	正常
红喉歌鸲	黑龙江	云南、四川	四月末至五月中	九月中至十月初	延误
白额雁	西伯利亚北极海岸	江西鄱阳湖	五月	十月	正常
红脚隼	内蒙古	南非	五月	十月	正常
凤头蜂鹰	东北	四川南充、峨眉山、云南丽江、西双版纳	五至六月	八月中至十月末	正常

出发班次（在京越冬）– Departures

名称	目的地	出发时间	返程时间	航班状态
毛腿沙鸡	内蒙古	一月中旬	十一月中旬	起飞
秃鹫	蒙古	三月	十一月	正常
大天鹅	蒙古	三月中下旬	九月末	延误
大鵟	蒙古	三月末四月初	十月末十一月中	取消
田鹀	北欧、俄罗斯	三月末四月中	九月末十月中	正常

到达班次（在京繁殖）– Arrivals

名称	出发地	到达时间	出发时间	航班状态
白鹡鸰	海南	三月中旬	十一月中旬	起飞
普通雨燕	南非	四月上旬	八月上旬	正常
大杜鹃	南非	五月上旬	九月	正常
家燕	海南	四月上旬	十月下旬	因，延误
日本松雀鹰	广西、贵州	四月中旬	十月中旬	正常
骨顶鸡	黄河	四月中旬	十月下旬	取消
红尾伯劳	海南、台湾	五月下旬	九月下旬	正常
褐头鸫	印度、缅甸	五月下旬	八月下旬	取消

迁徙在路上 ↑

北京处于东亚—澳大利西亚的迁徙通道上，是许多候鸟在春、秋两季迁徙时必经之地。在观鸟胜地北京，迁徙时节途经或停留的候鸟就超过 300 种，快来看看都有哪些常见的鸟类吧！

* 由于鸟类实际的越冬、繁殖地范围较宽泛，本页仅标出各个鸟种的主要出发/到达地点。
* "航班状态"一栏仅为设计元素，无实际意义。

国内到达班次
Domestic Arrival

国际出发班次
International Departure

曲拍利亚北极海岸
Siberian Arctic
coastal

俄罗斯
Russia

蒙古
Mongolia

内蒙古
Nei Mongol

内蒙古
Nei Mongol

北京
Beijing

伊朗
Iran

云南
Yunnan

江西
Jiangxi

印度
India

广西
Guangxi

阿拉伯半岛
Arabian Peninsula

印度
India

缅甸
Myanmar

泰国
Thailand

索马里
Somalia

刚果
Congo

肯尼亚
Kenya

纳米比亚
Namibia

莫桑比克
Mozambique

南非
South Africa

候鸟迁徙，不只南飞这么简单

每到 7 月底，普通雨燕都要飞行 2.6 万千米到达非洲南部越冬。整个旅程持续两个多月，要穿越 20 多个国家。

豆雁 ━━━   游隼   白额雁 ━━━   大杜鹃 ━━━   红脚隼 ━━━   普通雨燕 ━━━

停歇地：城市、国家或地区

迁徙动态，避免对您的行程造成影响，旅行愉快。
r your understanding and cooperation.

我们如何追踪迁徙路线

鸟类环志是研究鸟类迁徙动态的主要手段。除此之外，研究鸟类迁徙的方法还有野外观察、雷达监测和为鸟类佩戴卫星追踪器。

国内……Departure

一个北京人的昆虫标本图桌

美丽的、怪异的、耀眼的、平凡的，形形色色的昆虫也像人类一样扎根在这个城市里，可我们似乎从没有认清过这些"邻居"的面孔和身份，现在是时候好好看看它们了！

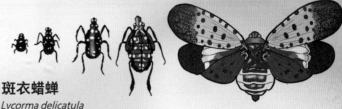

斑衣蜡蝉
Lycorma delicatula

斑衣蜡蝉从低龄若虫、末龄若虫、再到成虫的形态都各不相同。它喜欢在臭椿树上趴着，很多人管它叫"椿蹦儿"，低龄若虫黑黑的样子总被人认成是蜘蛛。而之后脱胎换骨的成虫，我们常管它叫"花大姐"。

臭椿沟眶象
Eucryptorrhynchus brandti

这种颜色像鸟屎的小虫非常不起眼，北京人叫它"树猴"。它主要危害臭椿，长而弯曲的"象鼻子"就是它取食的"工具"。

1 cm

环纹小肥蠼 sōu
Euborellia annulipes

平房里常见的一种小型昆虫，因为屁股上有一个大"夹子"，所以北京人叫它"火夹子"。它的夹子看起来很凶，实际上只在自卫的时候才主动使用。即使被夹住也只会有点疼，不用担心有毒。

椿蹦儿
花大姐　树猴
邻居家的臭椿

东方蝼蛄

刀螂

大紫蛱蝶
Sasakia charonda

优雅蝈螽 zhōng
Gampsocleis gratiosa
就是大家熟悉的蝈蝈。

草蛉
Chrysopidae spp.

如果在家里玻璃上看到一排气球一样的小小虫卵，不用担心，它们很可能是草蛉的卵。草蛉可以吃植物上的蚜虫，长大后也不会破坏家庭环境，翅膀在阳光下非常美丽。它们会入室过冬，完全可以把它们当作家庭成员。

丝光绿蝇
Lucilia sericata

虽然人人喊打，但它们的幼虫其实算是医疗领域的清创小能手。严格的腐生习惯使它们可以在不破坏康组织的情况下，清理坏死的创口。

9 mm

透顶单脉色蟌 cōng
Matrona basilaris

这种虫飞翔时呼扇呼扇的黑翅膀很惊艳，收起翅膀立在水边时又很轻柔，小孩儿管它叫"黑锅底"，水边常见。

黄花蝶角蛉
Ascalaphus sibiricus
北京最美脉翅目。

金绿宽盾蝽
Poecilocoris lewisi

槐尺蠖 chǐ huò *Semiothisa cinerearia*

槐尺蛾的幼虫，受惊时会吐丝把自己悬在空中，因此得名"吊死鬼儿"。

2 cm

梨金缘吉丁
Lamprodila limbata

常出现在种植蔷薇科果树的果园之中，幼虫常常蛀食树木。大约是北京能见到的色彩最艳丽的小型甲虫了。

槐黑星瘤虎天牛
Clytobius davidis

槐黑星瘤虎天牛在活动时有比较明显的拟蜂动作，比如高频率的抖动触角和颤动身体。

蟪蛄 huì gū *Platypleura kaempferi*

夏初第一声蝉鸣就来自蟪蛄，它们个头儿不大，叫声也比较单一，天一热就赶紧给后面的蝉让路了。
所以北京人叫它"小热热儿"。

虽然其貌不扬，但犀角龟在北京并不多见。它前胸背板的小坑看起来非常可爱，特有的"角"能让人一眼就认出它。

中华晓扁犀金龟
Eophileurus chinensis

蛾蚋（蛾蠓） é ruì 3 mm *Psychoda* sp.

浴室里常见的一种小飞虫，却不怎么飞来飞去，喜欢趴在瓷砖上一动不动。

国槐

果树
梨金缘吉丁

黑锅底

小热热儿　吊死鬼儿

老竿儿

蛾蚋

碧伟蜓 *Anax parthenope*

图中有"蓝腰"的雄性被叫作"老竿儿"，通体绿色的雌性叫"老籽儿"。逮着"老竿儿"是小孩儿们最开心的事儿，可以炫耀一整个夏天。

绿尾大蚕蛾
Actias selene ssp. ningpoana

北京最常见的一种大蚕蛾，仙气飘飘得足够让人一次次惊叹自然之美。
清晨的山中，它们会一动不动趴在墙上，让早起或一夜没睡的人欣赏个够。

东方蝼蛄
Gryllotalpa orientalis
老北京话里称作"蝲蝲蛄"。

中华刀螳
Tenodera sinensis
老北京话里称作"刀螂"。

绿步甲
Carabus smaragdinus

453 种 — 2010

半圆的大小表示展览动物种类的数量（不含北京海洋馆）

— 2004

动物园搬家？

在经历 SARS 和禽流感疫情后，身处闹市的动物园是否应该搬迁引起人们的讨论。

— 2000

597 种 — 1990
646 种

动物外交

北京动物园还承担着国际礼品动物往来交换的重任，国礼动物也是中国外交关系的写照。20 世纪 50 年代初，收到的国礼动物都是最早建交的国家赠送的，进入 20 世纪 60 年代，动物国礼数量降低。20 世纪 70 年代，中国外交取得突破，北京动物园共 22 次接收了来自 15 个国家的珍稀动物。

552 种 — 1980

225 种 — 1970
— 1967

十三陵繁育基地建成

十三陵繁育基地远离城区，作为珍稀动物饲养、繁殖、研究基地，也适宜老弱动物疗养，不对外开放。

293 种 — 1960

— 1955

正式定名北京动物园

20 种 — 1950
— 1949

一穷二白的西郊公园

新中国成立前夕，昔日的万牲园只剩下 13 只猴子、3 只鹦鹉和 1 只瞎眼鸲鹆。经过整修和改造，1949 年，此处被定名为西郊公园，1950 年对外开放。

74 种 — 1940

混乱时期

民国时期，农事试验场曾几次更名，但都难以改善日渐衰败的情况。

1929 年，从民国初期的中央农事试验场改组为国立北平天然博物院；1941 年改为实业总署园艺试验场，工作也从农事试验变为侧重于园艺试验；1946 年，又改名为北平市农林实验所。

这期间社会动荡，日军曾将此地作为仓库；后来国民党军队进驻，场内管理机构已经完全瘫痪。

— 1930

— 1920

— 1910

— 1907

万牲园开放参观

虽然 1908 年农事试验场才算完工，但万牲园在一年前已经对外售票参观。

— 1900

拆除，三年后新建水禽馆

重建

失火重建

新建鸣禽室

改为博物院的仓库，后拆除 — 东洋房

幽风堂

鬯春堂

畅观楼

四烈士墓

宋教仁纪念塔

陆谟克堂

改造

改造为夜行动物馆

北侧西部改为雉鸡苑

改名小兽馆

小动物园

开辟出夜行动物展区

儿童运动场

猴山

袋鼠兽舍 / 豺狐兽舍 / 箭猪豚鼠兽舍

改造

拆除，改为展黑熊和棕熊

拆除，六年后新建北极熊展区

因路而改

因为修建动物园路高架桥，位于园内东南的兽舍受到波及，熊山、猴山和中型猛兽区开始改造。

改为儿童木偶剧场

绿尾虹雉

绿尾虹雉是我国特有的珍稀鸟类，1958 年北京动物园开始饲养展出，1983 年被列入北京动物园一类保护动物名单。

逐渐拆除

淘汰野猪展览故而废弃

改为牦牛舍

改称猛兽室·豹房

亚洲象

1972 年，时任斯里兰卡总理西丽玛沃·班达拉奈克夫人把一岁的亚洲象"米杜拉"赠送给中国儿童，小象成为了北京动物园的小明星。

水禽湖 / 黑熊山 / 白熊山 / 狼山 / 猛禽舍 / 象房 / 鹿圃 / 野猪舍 / 野牛栏 / 角马栏 / 狮房

猴山 / 熊山 / 狮虎山

为纪念法国生物学家陆谟克而建，是中国最早的植物学科研楼。

动物园"三山"

猴山、熊山、狮虎山合称为北京动物园"三山"，是经典游览路线之一。

猴山是最早建立的馆舍，但在 2007 年的改造中降低了高度。最早的黑、白熊山其实是两处独立的馆舍，两处假山高度都为 7 米，活动场地被高高的围墙围住，游人只能从高处观看。严格地说，狮虎山并不是山，它实际上是披着山形外壳的大展区，建筑最高峰 14.2 米。

陆谟克堂

农事试验场时期的建筑

农事试验场从 1906 年开始筹建，总面积约 71 万平方米，其中展示动物的万牲园仅占约 1.5 万平方米，即 20 世纪 50 年代的小动物园。作为行宫御苑，自然少不了掇山理水，豳风堂、牡丹亭、松风萝月轩等都是建园之初留下的园林基底。

鬯春堂

畅观楼

试验场大门

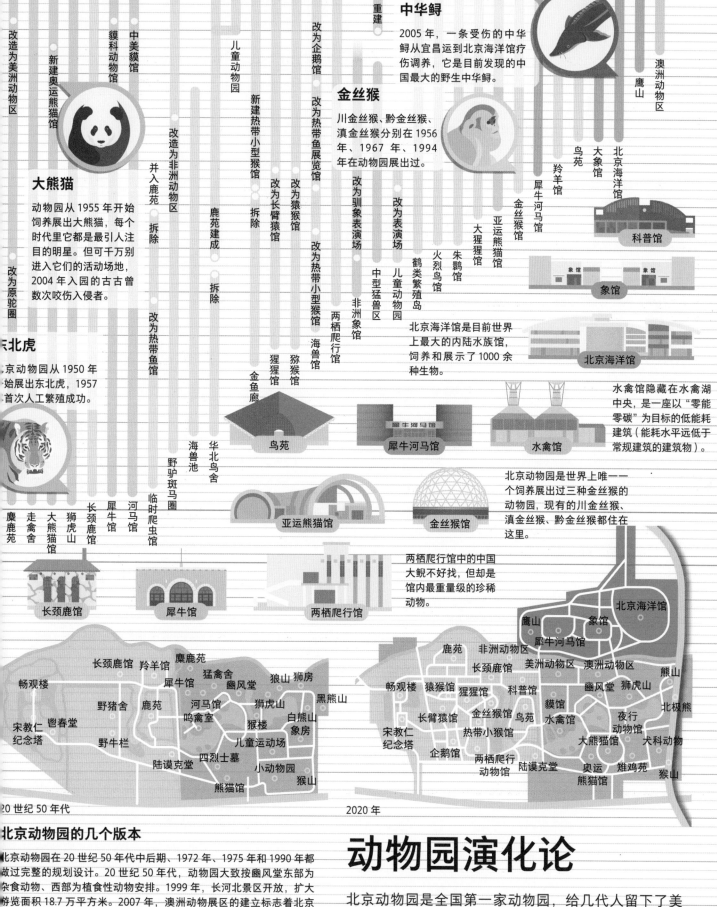

改造为美洲动物区
新建奥运熊猫馆
貘科动物馆
中美貘馆

大熊猫
动物园从 1955 年开始饲养展出大熊猫，每个时代里它都是最引人注目的明星。但可千万别进入它们的活动场地，2004 年入园的古古曾数次咬伤入侵者。

改为原驼圈

并入鹿苑
拆除
改为非洲动物区
鹿苑建成
拆除
改为热带鱼馆

儿童动物园
新建热带小型猴馆
拆除
改为长臂猿馆
改为猿猴馆

改为企鹅馆
改为热带鱼展览馆
改为热带小型猴馆
海兽馆

重建

中华鲟
2005 年，一条受伤的中华鲟从宜昌运到北京海洋馆疗伤调养，它是目前发现的中国最大的野生中华鲟。

金丝猴
川金丝猴、黔金丝猴、滇金丝猴分别在 1956 年、1967 年、1994 年在动物园展出过。

改为驯象表演场
改为表演场
中型猛兽区
儿童动物园
非洲象馆
两栖爬行馆

鹤类繁殖岛
朱鹮馆
火烈鸟馆
大猩猩馆
亚运熊猫馆
金丝猴馆
犀牛河马馆
羚羊馆
鸟苑
大象馆
北京海洋馆
鹰山
澳洲动物区

东北虎
京动物园从 1950 年始展出东北虎，1957 首次人工繁殖成功。

麋鹿苑
走禽舍
大熊猫山
狮虎山
犀牛馆
河马馆
临时爬虫馆
野驴斑马圈
海兽池
华北鸟舍

金鱼廊
猩猩馆
猕猴馆

鸟苑
犀牛河马馆

北京海洋馆是目前世界上最大的内陆水族馆，饲养和展示了 1000 余种生物。

水禽馆
科普馆
象馆
北京海洋馆

水禽馆隐藏在水禽湖中央，是一座以"零能零碳"为目标的低能耗建筑（能耗水平远低于常规建筑的建筑物）。

亚运熊猫馆
金丝猴馆

北京动物园是世界上唯一一个饲养展出过三种金丝猴的动物园，现有的川金丝猴、滇金丝猴、黔金丝猴都住在这里。

两栖爬行馆中的中国大鲵不好找，但却是馆内最重量级的珍稀动物。

长颈鹿馆
犀牛馆
两栖爬行馆

20 世纪 50 年代

畅观楼
长颈鹿馆
羚羊馆
麋鹿苑
野猪舍
鹿苑
犀牛馆
猛禽舍
豳风堂
狼山
狮房
黑熊山
鬯春堂
河马馆
狮虎山
白熊山
宋教仁纪念塔
野牛栏
鸣禽室
猴楼
象房
陆谟克堂
四烈士墓
儿童运动场
小动物园
猴山
熊猫馆

2020 年

北京海洋馆
象馆
鹰山
犀牛河马馆
鹿苑
非洲动物区
澳洲动物区
熊山
长颈鹿馆
美洲动物区
畅观楼
猿猴馆
猩猩馆
科普馆
豳风堂
狮虎山
貘馆
北极熊
宋教仁纪念塔
长臂猿馆
金丝猴馆
鸟苑
水禽馆
夜行动物馆
犬科动物
企鹅馆
热带小猴馆
大熊猫馆
奥运熊猫馆
雉鸡苑
两栖爬行动物馆
陆谟克堂
猴山

动物园演化论

北京动物园是全国第一家动物园，给几代人留下了美好回忆。但在过去的一百多年里，它还有多重身份：皇家御苑、试验场、博物院、动植物园，逐渐演变为现在的动物专类园。回顾动物园的演化过程，也像是回顾北京百年历史的缩影。

北京动物园的几个版本

北京动物园在 20 世纪 50 年代中后期、1972 年、1975 年和 1990 年都做过完整的规划设计。20 世纪 50 年代，动物园大致按豳风堂东部为杂食动物、西部为植食性动物安排。1999 年，长河北景区开放，扩大游览面积 18.7 万平方米。2007 年，澳洲动物展区的建立标志着北京动物园的动物展示开始从习性分类向区域分类过渡。

图例

东部馆舍　　西部馆舍　　北部馆舍
建成馆舍　　拆除馆舍　　特殊事件

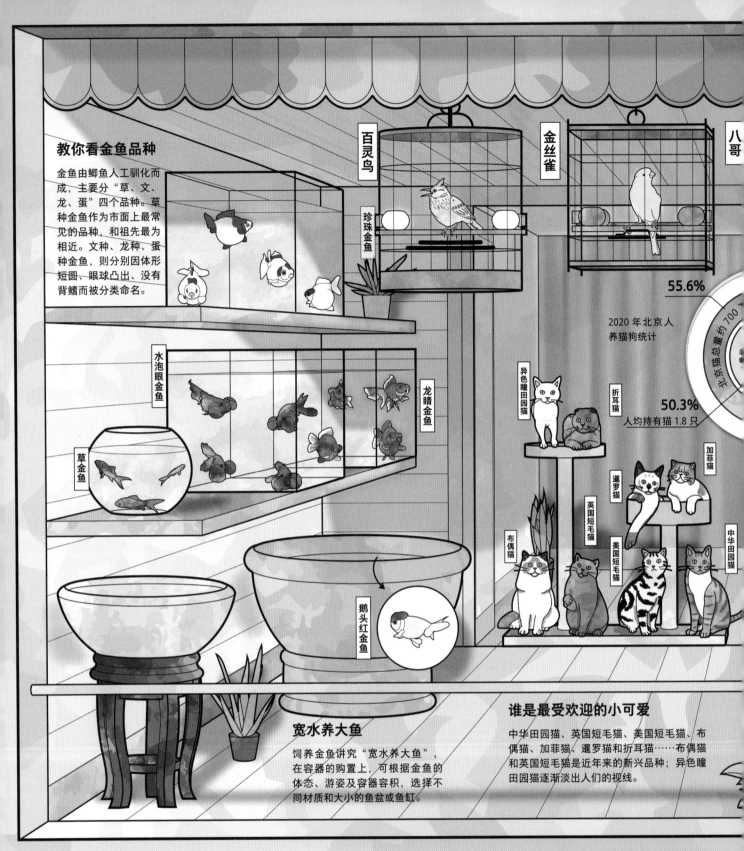

教你看金鱼品种

金鱼由鲫鱼人工驯化而成，主要分"草、文、龙、蛋"四个品种。草种金鱼作为市面上最常见的品种，和祖先最为相近。文种、龙种、蛋种金鱼，则分别因体形短圆、眼球凸出、没有背鳍而被分类命名。

水泡眼金鱼

龙睛金鱼

草金鱼

珍珠金鱼

百灵鸟

金丝雀

八哥

55.6%

2020 年北京人养猫狗统计

北京猫狗总量约 700

异色瞳田园猫

折耳猫

50.3%

人均持有猫 1.8 只

加菲猫

暹罗猫

英国短毛猫

美国短毛猫

布偶猫

中华田园猫

鹅头红金鱼

宽水养大鱼

饲养金鱼讲究"宽水养大鱼"，在容器的购置上，可根据金鱼的体态、游姿及容器容积，选择不同材质和大小的鱼盆或鱼缸。

谁是最受欢迎的小可爱

中华田园猫、英国短毛猫、美国短毛猫、布偶猫、加菲猫、暹罗猫和折耳猫……布偶猫和英国短毛猫是近年来的新兴品种；异色瞳田园猫逐渐淡出人们的视线。

鸟类

北京人养鸟历史悠久，也十分讲究。清代八旗子弟养鸟驯鸟，把调教鸟的技艺推向极致：八哥学舌、百灵十三套口、画眉叫口等一系列"绝活"闻名遐迩。叫声悠扬、婉转动听的为"文鸟"；叫声大、体形大、好动的为"武鸟"。虽然人们饲养百灵、八哥、画眉等品种的习惯由来已久，但如今，饲养行为也要遵守动物保护相关规定。

北京人的宠物

随着人们生活水平的提升，养宠物已经成为一种普遍的生活方式。北京人喜爱养宠物的历史，可以追溯到明清时期。宠物最初作为宫廷权贵的"玩物"，后来逐渐在平民百姓间流行开来。我们在这幅图中模拟了"养宠人的阳台"的场景。来看看北京人都喜欢养哪些宠物，这其中又有哪些讲究吧！

画眉

白腰文鸟（十姐妹）

牡丹鹦鹉

南北差异

在笼具的选择上，方形的为南笼，圆柱形的为北笼。北京养鸟使用北笼居多。

猫狗

在北京，人们更偏爱"喵星人"。另外，北京人更倾向于在家中饲养多只宠物猫或宠物狗。

44.4%

北京狗总量约 560 万只

49.7%

人均持有狗 1.5 只

萨摩耶犬

柴犬

拉布拉多寻回猎犬

京巴犬

博美犬

比熊犬

中华田园犬

贵宾犬

柯基犬

吉娃娃犬

蝈蝈儿

蛉蝈儿

油葫芦

乌龟

白兔

贵宾犬、中华田园犬、柯基犬、比熊犬、金毛寻回犬、拉布拉多寻回猎犬和边境牧羊犬……近年来的热门犬种是柴犬和萨摩耶犬；京巴犬、博美犬和吉娃娃犬逐渐成为冷门。

水生动物

在居室或庭院中放上一缸水生动物，再配上些绿藻青草、假山怪石，便能呈现出一幅立体的风景画，让家中的环境顿时充满自然的气息。北京人饲养金鱼和乌龟，不仅仅是对美观的追求，同时也是中国传统文化传承的一个缩影。例如龟——常常作为长寿、祥瑞的符号出现在名胜古迹中。

鸣虫

"鸣虫赏玩"这一文化在北京有着悠久的历史，最具盛名的便是京城的"三大鸣虫"——蝈蝈儿、蛐蛐儿（蟋蟀）、油葫芦。蛐蛐儿天性好斗，自宋代起，斗虫文化延续至今。畜养蛐蛐儿一般使用专门的瓦罐，而畜养蝈蝈儿和油葫芦时匏器（葫芦）为上品，保温与艺术性兼备。

兽类

毛茸茸、温顺可爱、聪明活泼是人们选择饲养兽类宠物的主要原因。在北京，人们通常会饲养猫、狗或兔子。一方面为生活增添乐趣，另一方面也将它们视为陪伴，以此排解内心的孤独。此外，在文化意义上，拜兔赏月是中秋文化的习俗之一，因此，饲养白兔也代表着中秋文化的兴盛。

大都市，微居民

疫情的流行让我们意识到在这座城市中，还有一批数量比我们大得多，个头比我们小得多的生物和我们栖居在一起。很少有人了解与我们每日为伴的常见微生物，它们是谁？从哪儿来？它们和我们之间有什么关系？或许这张网络可以帮助我们稍许了解同在北京这座大都市的"微居民"们。

图中画出的 7 种细菌，有的是科学研究中重要的模式物种，有的在人类历史上小有名气，我们可以通过它们来简单感受这张网络的迷人细节。

1 微米

1 微米

毛线球般的微生物

来源于土壤的微生物产生了最多的联结，形成了这个超级"毛线球"。结核分枝杆菌于 1882 年被发现，德国微生物学家在柏林宣布它为结核病的病原体；莫斯科硝化螺菌于 1995 年在莫斯科供暖系统的腐蚀铁管中被发现。这么看来，各种细菌的发现过程也编织了另一个人类社会的"毛线球"。

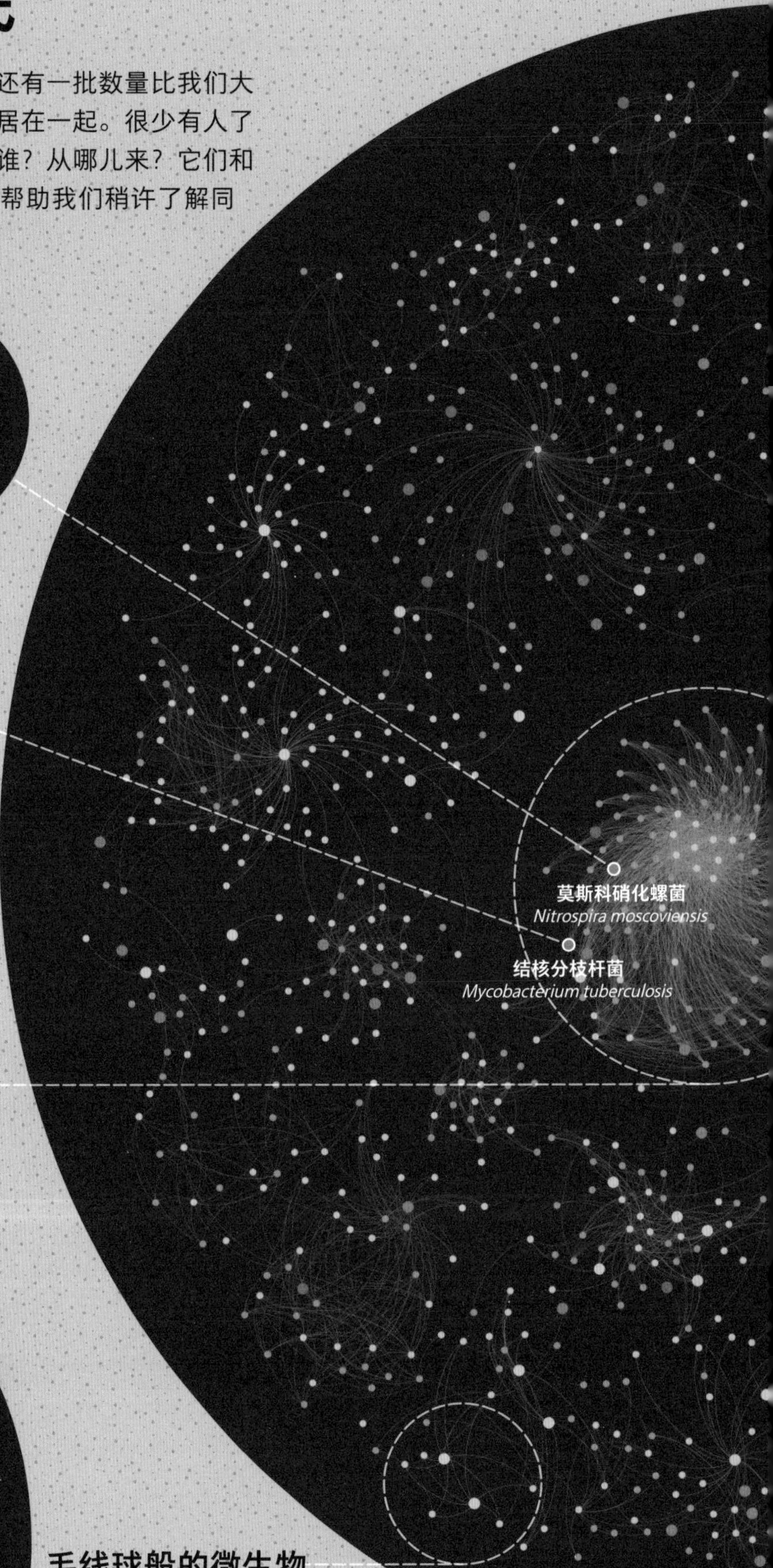

莫斯科硝化螺菌
Nitrospira moscoviensis

结核分枝杆菌
Mycobacterium tuberculosis

如何读懂这张图？

右图包括 82 个北京家庭中检测到的 782 种细菌和 665 种真菌。每个圆点代表了一种微生物，圆点之间的连线代表它们常常一起出现。右图展示的就是它们或紧密或松散的生活关系。

只有少数细菌可以追踪到它的来源，我们将微生物来源分为以下几种：

- 来自土壤的细菌
- 来自昆虫的细菌
- 来自植物的细菌
- 来自人类皮肤的细菌
- 来自人类口腔的细菌
- 来自人类／牲畜粪便的细菌
- 其他细菌
- 真菌

毛线球般的微生物

与人类相关的细菌往往习惯单独行动，只与少数真菌或其他种类细菌组成一个小而松散的组织。

最早培养的支原体之一

莱氏无胆甾原体是最早在人工琼脂培养基上培养的支原体之一，这种特殊的支原体最初于 1936 年首次从伦敦的污水中分离出来，并以其发现者帕特里克·莱德劳（Patrick Laidlaw）的名字命名。几乎所有类型的生物体中都发现了这个类群的微生物。

1 微米

从腐烂木材分离出的细菌

栖阿卡亚黄杆菌最初是由一位美国夏威夷州的高中生在参加科研项目时，从当地一种灌木的腐烂木材中分离出来的。2013 年，该细菌和费氏另类弧菌一起"竞争"美国夏威夷州的"州微生物"，然而人们始终无法在二者之间作出选择。

1 微米

莱氏无胆甾原体
Acholeplasma laidlawii

1 微米

世界上最坚韧的细菌

耐辐射奇球菌的拉丁文名直译为"能承受辐射的奇异小浆果"，被吉尼斯世界纪录列为"世界上最坚韧的细菌"，是已知的耐辐射能力最强的嗜极生物，可在充满辐射的太空中存活 3 年。

耐辐射奇球菌
Deinococcus radiodurans

居家生活与自然息息相关

在北京收集到的家庭灰尘中，包含了丰富多样的细菌和真菌，与雾霾时室外空气的 PM2.5 中的微生物群落相似。

栖阿卡亚黄杆菌
Flavobacterium akiainvivens

旋涡状类芽孢杆菌
Paenibacillus vortex

1 微米

社会微生物

旋涡状类芽孢杆菌在实验室中培养时，被发现它会通过细胞间的通信，形成具有复杂结构的菌落。它们使用各种化学信号相互交流，以感知环境，然后利用这些信息来重塑菌落。

产黑素普雷沃菌
Prevotella melaninogenica

口腔中常见的产黑素普雷沃菌

产黑素普雷沃菌是上呼吸道正常微生物群中的一种细菌，通常存在于口腔中。人们发现当它在含血培养基上生长时会产生黑色素，这种细菌可引起牙周病。

1 微米

一棵大白菜的旅程

如何解决北京两千万多人的饮食需求是个大问题！我们将以一棵普通的大白菜为代表，展示它是如何从农田一路到达你的餐桌上的。（从右侧开始阅读）

北京的食材从哪里来？

作为一座消费型城市，北京的食材自给比例很低，截至 2021 年底，北京市场上平均只有 10% 到 20% 的蔬菜是本地生产的。冬天，这种情况更加突出。那么当我们在寒冬吃着热乎乎的小火锅时，那些在锅里翻腾的食材，都来自哪些地方呢？

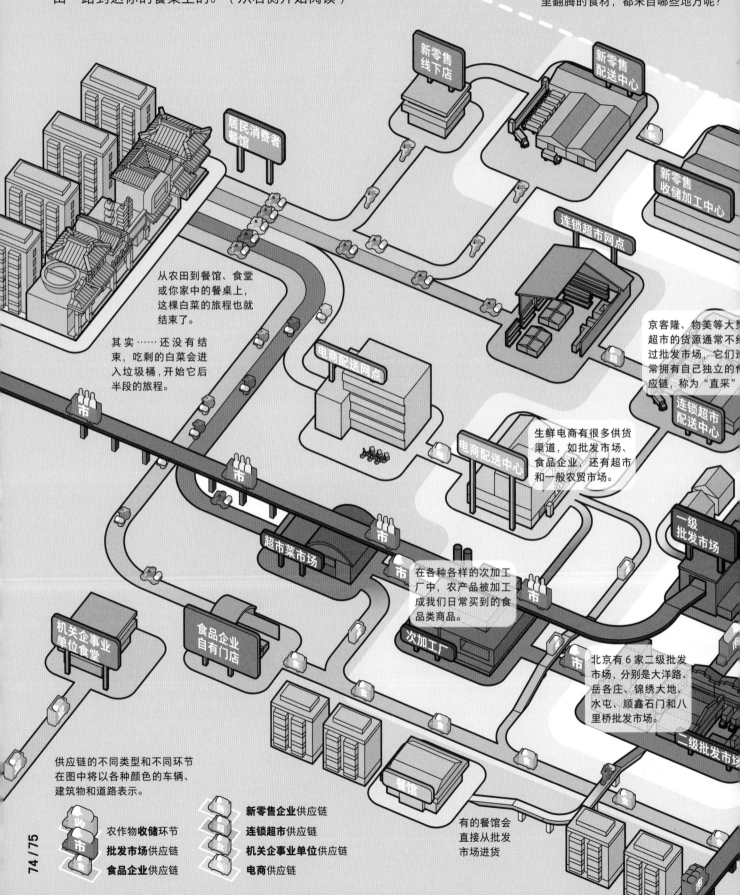

新零售线下店

居民消费者

新零售配送中心

新零售收储加工中心

连锁超市网点

从农田到餐馆、食堂或你家中的餐桌上，这棵白菜的旅程也就结束了。

其实……还没有结束，吃剩的白菜会进入垃圾桶，开始它后半段的旅程。

电商配送网点

京客隆、物美等大型超市的货源通常不经过批发市场，它们通常拥有自己独立的供应链，称为"直采"。

连锁超市配送中心

电商配送中心

生鲜电商有很多供货渠道，如批发市场、食品企业，还有超市和一般农贸市场。

市

市

超市菜市场

市

一级批发市场

机关企事业单位食堂

食品企业自有门店

在各种各样的次加工厂中，农产品被加工成我们日常买到的食品类商品。

次加工厂

市

北京有 6 家二级批发市场，分别是大洋路、岳各庄、锦绣大地、水屯、顺鑫石门和八里桥批发市场。

二级批发市场

餐馆

供应链的不同类型和不同环节在图中将以各种颜色的车辆、建筑物和道路表示。

农作物**收储**环节
批发市场供应链
食品企业供应链

新零售企业供应链
连锁超市供应链
机关企事业单位供应链
电商供应链

有的餐馆会直接从批发市场进货

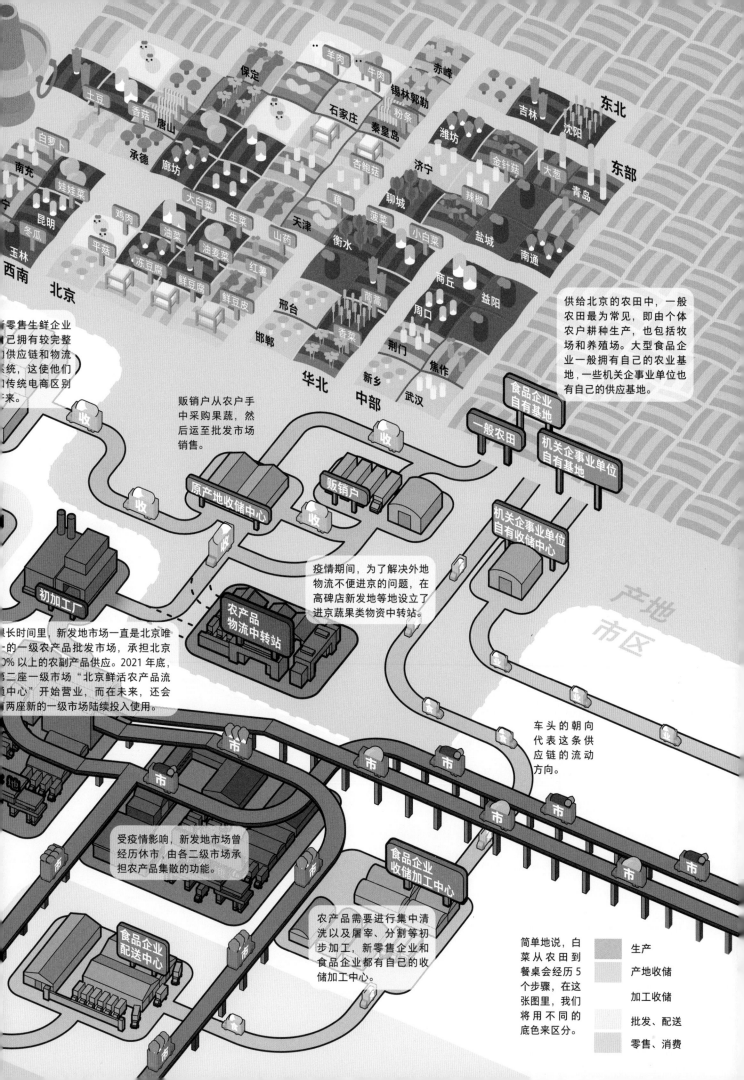

供给北京的农田中，一般农田最为常见，即由个体农户耕种生产，也包括牧场和养殖殖。大型食品企业一般拥有自己的农业基地，一些机关企事业单位也有自己的供应基地。

新零售生鲜企业…己拥有较完整…供应链和物流…统，这使他们…传统电商区别…来。

贩销户从农户手中采购果蔬，然后运至批发市场销售。

疫情期间，为了解决外地物流不便进京的问题，在高碑店新发地等地设立了进京蔬果类物资中转站。

…长时间里，新发地市场一直是北京唯…的一级农产品批发市场，承担北京…% 以上的农副产品供应。2021 年底，…二座一级市场"北京鲜活农产品流…中心"开始营业，而在未来，还会…两座新的一级市场陆续投入使用。

受疫情影响，新发地市场曾经历休市，由各二级市场承担农产品集散的功能。

车头的朝向代表这条供应链的流动方向。

农产品需要进行集中清洗以及屠宰、分割等初步加工，新零售企业和食品企业都有自己的收储加工中心。

简单地说，白菜从农田到餐桌会经历5个步骤，在这张图里，我们将用不同的底色来区分。

建筑标签： 原产地收储中心、贩销户、初加工厂、农产品物流中转站、食品企业自有基地、一般农田、机关企事业单位自有基地、机关企事业单位自有收储中心、食品企业收储加工中心、食品企业配送中心

图例： 生产、产地收储、加工收储、批发、配送、零售、消费

区域： 东北、东部、西南、北京、华北、中部、产地、市区

城市/产品标签： 保定、土豆、香菇、唐山、白萝卜、承德、廊坊、南充、娃娃菜、昆明、冬瓜、玉林、平菇、鸡肉、油菜、油麦菜、冻豆腐、鲜豆腐、鲜豆皮、大白菜、生菜、天津、山药、红薯、邢台、邯郸、香菜、茼蒿、羊肉、牛肉、锡林郭勒、石家庄、秦皇岛、粉条、杏鲍菇、藕、菠菜、衡水、小白菜、济宁、聊城、潍坊、金针菇、大葱、辣椒、青岛、盐城、南通、商丘、益阳、周口、焦作、新乡、武汉、荆门、赤峰、吉林、沈阳

参考资料

游山

层峦叠嶂

书上瞅瞅

霍亚贞主编的《北京自然地理》（北京师范学院出版社，1989年）一书在第3章《北京地貌》中，详细描述了北京地貌的不同类型、特征及这些地貌形成的原因，内容丰富，论证扎实。

网上搜搜

《北京千米以上山峰词典，周末去爬山》：http://www.mafengwo.cn/gonglve/ziyouxing/185320.html

驴友阿坚撰写的北京千米以上高山攻略，记录了北京大多数千米以上山峰的名字和高度信息，以及每座山峰的特色。目前这个合集已经出版成书《北京千米以上山峰手册》。

大地的礼赠

出去走走

北京有4处国家矿山公园，分别是黄松峪国家矿山公园、首云国家矿山公园、圆金梦国家矿山公园和史家营国家矿山公园（筹建中），在这些公园里，可以看看人类如何找矿、采矿，又如何修复停产的矿山。

北京虎峪自然风景区有丰富的地质构造天然露头（岩层、岩体、矿体、地下水、天然气等出露于地表的部分），北京大学地空学院在那里制作了讲解牌和VR场景。可以看到地层的真实样子。

书上瞅瞅

《北京自然地理》第2章介绍了北京的地质构造，以及主要矿产资源的分布和成因。

《北京工业志·煤炭志》[李志强主编，科学普及（中国科学技术）出版社，2000年]梳理了自元代以来北京煤矿的历史，以及建国以来煤矿建设的详细资料。

网上搜搜

《北京市矿产资源总体规划（2016—2020年）》：http://ghzrzyw.beijing.gov.cn/zhengwuxinxi/ghcg/ztgh/sj_ztgh/201912/t20191213_1730132.html

阐述了矿产开发、地质环境保护的办法，并附有关于北京矿产资源和开发利用情况的资料。2015—2025年版本也即将公布，可以关注北京市规划和自然资源委员会网站。

想看喀斯特地貌？北京就有！

书上瞅瞅

王秉军等编著的《北京石花洞：科普·旅游·传说》（中国人事出版社，1996年）一书，收录了关于石花洞内岩溶洞穴、景观、石佛等许多资料，还包括一些字画、传说、诗文，内容范围非常广。

《北京石花洞的岩溶地质特征》（吕金波，李铁英、孙永华，车用太.北京石花洞的岩溶地质特征[J].中国区域地质，1999(04):373-378.）一文可能是最早对石花洞内地质条件进行勘探分析的研究论文。

《北京石花洞结构特征及发育演化过程研究》（刘宏，郑明存，段洪伍，陈海舰，王芳，蔡炳贵.北京石花洞结构特征及发育演化过程研究[J].中国岩溶，2015, 34(01): 27-34.）一文通过对石花洞系统的实地洞穴勘探，提出了一些对洞穴构造的新认识。

网上搜搜

中央电视台科教频道《地理中国》2011年第61期《走进石花洞》，介绍了石花洞被发现到考察研究期间发生的有趣故事。

北京之巅

书上瞅瞅

《北京地方志》2018年第4期《"海坨"应为"海陀"》（作者：武光 刘继臣）一文，讨论了关于海坨山名字的争议来源。

网上搜搜

《灵山关停景区疗"伤疤"》（北京日报2016年9月28日，作者：王海燕 张昕）：http://www.china.org.cn/bjzt/chinese/2016-09/28/content_39388074.htm

《6年修复214万平方米，北京冬奥会延庆赛区生态修复月底完成》（新京报2021年6月24日，记者：裴剑飞）：https://www.bjnews.com.cn/detail/162450746314249.html

两篇报道记录了灵山草甸生态恢复的详细情况，可以看出修复前后的巨大变化。

出发！去徒步

出去走走

如果勇敢的你想挑战自己，或者想结识更多爱好徒步的朋友，不妨关注下北京市体育局主办的北京国际山地徒步大会。这里每年都汇集（包括笔者在内的）千余名徒步爱好者共走门头沟区的特色徒步线路，是目前北京最盛大的徒步赛事之一。

书上瞅瞅

《中国徒步穿越：东北·华北卷》（《中国徒步圣经》编辑部，陕西师范大学出版社，2005年）第148—207页中对北京的九条徒步线路进行了非常详细的介绍，其中包括我们提到的京西古道和妙峰山。跃跃欲试的你带上这本书就可以放心地把带路工作交给资深的"驴友"了。

网上搜搜

《体育文化休闲旅游优质路线推荐》：http://tyj.beijing.gov.cn/bjsports/ztzl/tywhxxlyyzlxtj/index.html

这里收集了北京34条健走、徒步和登山路线，可以根据自己的需要选择。

《北京市文化和旅游局等级景区名录》：http://banshi.whlyj.beijing.gov.cn/xinyong/#/mljq

在这里可以看到北京所有等级景区的地址、电话和当前开放状态。

北京徒步协会网站"徒步知识"专栏：http://www.tbbj.org/front/knowledge/knowledge_index.htm

从装备、饮食、安全等方面比较细致地介绍了徒步运动的准备方法和注意事项。

天地图：https://www.tianditu.gov.cn/

天地图是国家地理信息公告服务平台，提供包含各个地区、各类要素的大量标准地图，本页中的高程及剖面原始数据信息就来自这里。

玩水

水在北京

书上瞅瞅

《北京地图集》（北京市测绘院编制，测绘出版社，1994年）中的水资源地图绘制了北京的五大水系，其中还标出了每个水系的高山区与平原区。

网上搜搜

2017年，帝都绘（diduhuiBJ）的自然专栏曾经出过一期《北京是一座多水的城市？》，以图解的方式主要介绍了北运河水系的水路关系。当然了，帝都绘会介绍北京城市文化的方方面面，欢迎你关注！

北京历史河道考古现场

出去走走

现在北京已经恢复的历史河道包括长480米的玉河故道，从地铁南锣鼓巷站出来，步行不远就能看到它的身影！前门的三里河公园，也是考察和探访老城历史河道的好地方。

当然，什刹海、北海等传统景点以及郭守敬博物馆等地方，都可以增进对北京的历史河道的了解。

书上瞅瞅

《北京历史地图集·文化生态卷》（侯仁之 主编，文津出版社，2017年）其中"历史时期北京地区发展与河湖水系变迁"部分讲解了北京重要河湖水系的分布空间格局和变化，以及河湖水系与城址转移的关系。

网上搜搜

北京印迹网：www.inbeijing.cn

利用历史图像功能可以回顾最近北京老城历史河道的恢复过程与变化情况。

不安定的永定河

出去走走

永定河大峡谷是徒步和短途自驾的好去处。从官厅水库到沿河城是最经典的一段路线，山崖壁立，景色壮丽，还可以体验到号称"北方第一漂"的永定河峡谷漂流。

北京冬季奥林匹克公园已经开园啦，整合了原来永定河沿线的莲石湖公园、永定河休闲森林公园、首钢工业遗址公园、高井沟入河口公园等多个公园，永定河沿岸空间有了不错的提升，是马拉松、运动健身、游玩的新去处。

书上瞅瞅

《北京历史地图集·文化生态卷》，书中对永定河的流域及不同历史时期永定河河道的变迁做了详细的文字及图纸说明。

《京华通览：永定河与北京》（尹钧科、吴文涛 著，北京出版社，2018 年），这本书系统地介绍了永定河的基本情况、流域概况、历史文化、保护与治理等相关方面的内容。

《漫话元大都的起源与都城构建布局》（《北京档案》2019 年第 05 期）介绍了元大都的起源以及从元到明北京城址的变迁。

《卢沟运筏图》现藏于中国国家博物馆（地址：北京东城区东长安街 16 号，天安门广场东侧）。

网上搜搜

《石桥、木筏与 15 世纪的商业空间：〈卢沟运筏图〉新探》：http://www.chnmuseum.cn/yj/xscg/xslw/201812/t20181224_33317.shtml

文章对《卢沟运筏图》做了详细解析。

北京的地下"金库"

书上瞅瞅

刘凯，王珊珊，孙颖，崔文君，朱德莉.北京地区地热资源特征与区划研究 [J].中国地质，2017，44(06): 1128-1139.

邓辉.历史时期分布在北京平原上的泉水与湖泊 [C]// 中国地理学会 2012 年学术年会学术论文摘要集，2012: 49.

李海军.北京的泉 [J].地球，2020(10): 54-61.

周海燕，周训，方斌，李娟，柳春晖.北京及其西北邻区温泉 [J].城市地质，2006(01): 9-15.

网上搜搜

《北京市水资源公报》http://swj.beijing.gov.cn/zwgk/szygb/

在这里中可以看到关于北京每年各类水资源相关数据统计。

北京市平原区地下水动态（2021 年 10 月第 3 期）：http://swj.beijing.gov.cn/bmxx/dxsdt/202111/t20211117_2538878.html

本文介绍了北京全市平原区地下水水位等情况的变化趋势。

亘古通今大运河

书上瞅瞅

《大运河漂来紫禁城》（单霁翔 著，中国大百科全书出版社，2020 年）是一本大运河小百科，

通过这本书可以了解到大运河沿线的景观风貌和小知识。

《漕运时代北运河治理与变迁》（陈喜波 著，商务印书馆，2018 年）讲述了金、元、明、清四个朝代大运河河道的变迁与治理，以及它作为漕运要道的功能发展。

《古代北京运河的开凿和衰落》是侯仁之先生为"北京通州首届运河文化研讨会"整理的论文，后发表在《北京规划建设》2001 年第 4 期上。

网上搜搜

北京市文物局：http://wwj.beijing.gov.cn/bjww/362679/362686/596258/index.html

公布了《大运河遗产保护规划（北京段）》的规划文本，在这里可以看到大运河（北京段）自然、人文遗产的评估、保护以及管理规划等方面的情况。

北京的水够用吗？

出去走走

密云水库和官厅水库是北京最大的两个水库，除了供水蓄水之外，这两个水库作为人工与自然的结合体，也都是市民值得一去的旅游景点。

书上瞅瞅

《图说南水北调》（国务院南水北调工程建设委员会办公室 编，中国水利水电出版社，2018 年）第 31 问介绍了关于南水北调中线工程的基本情况。这是国务院南水北调工程建设委员会办公室编写的一本科普读物，在这里可以得到关于南水北调问题最权威的解答。

网上搜搜

北京市水务局：http://swj.beijing.gov.cn/

北京水务局官网会定期在政务公开栏中发布各类水务数据，包括水资源公报和水务统计年鉴。

污水去向何方

出去走走

如今，高碑店污水处理厂等很多污水处理厂/再生水厂逐渐开始面向公众开放，如果幸运地在参观日预约成功，你就可以更深入地了解到污水和再生水处理设施的外形和具体功能。

书上瞅瞅

《再生水水质标准（SL368-2006）》是中国水利部 2007 年发布并实施的一份行业标准，介绍了再生水的分类、水质监测指标和方法。除此之外，针对不同的关注点，国内也陆续发布了许多行业、地方的水质标准。

网上搜搜

北京市水务局官网会定期在政务公开栏中发布各类水务数据，本页的水质数据就是来自这里。此外，关于污水防治信息《北京市水污染防治条例》也可以在这里找到。

沐风

四季分明

网上搜搜

中国气象数据网：http://data.cma.cn

有北京乃至全国各地各个气象站采集的温度、降水等气象数据。

美国国家环境信息中心：https://www.ncei.noaa.gov/products/land-based-station

该中心可以看到北京站作为国际交换气象站提供的 1951 年以来的温度、降水等气象数据。

《标准解读〈气候季节划分〉》：http://www.cma.gov.cn/kppd/kppdsytj/201606/t20160613_313864.html

这篇文章说明了如何通过温度数据来判断季节的更替划分。

大风那个吹

书上瞅瞅

《北京志·气象志：1996—2010》（北京市地方志编纂委员会，北京出版社，2017 年）记录了北京气候的方方面面，还利用了许多翔实的数据和图表对北京气候规律特点进行了总结。

《中国气象灾害大典·北京卷》（温克刚、谢璞 主编，气象出版社，2015 年）第 8 章详细记述了北京历史上气象灾害的强度和造成的影响。

网上搜搜

中国气象数据网：http://data.cma.cn

网站的"中国地面气候资料日值数据集（V3.0）"记录了 1951—2010 年中国国家级地面站数据，是研究中国气象的第一手资料。

雨雪下到北京城！

书上瞅瞅

王佳丽，张人禾，王迎春.北京降水特征及北京市观象台降水资料代表性 [J].应用气象学报，2012，23(03):265-273.

尤焕苓，任国玉，刘伟东.1961—2010 年北京地区降水变化特征 [J].沙漠与绿洲气象，2012，6(04):13-20.

徐宗学，张玲，阮本清.北京地区降水量时空分布规律分析 [J].干旱区地理，2006(02):186-192.DOI:10.13826/j.cnki.cn65-1103/x.2006.02.004.

宋晓猛，张建云，贺瑞敏，邹贤菊，张春桦.北京城市洪涝问题与成因分析 [J].水科学进展，2019，30(02):153-165.DOI:10.14042/j.cnki.32.1309.2019.02.001.

网上搜搜

WheatA 小麦芽：http://www.wheata.cn/

该网站整合了农业相关的气候数据。

北京的八种颜色
出去走走

感受北京这八种颜色的最好方法就是在合适的时间出去瞧瞧。图中从左到右的顺序也是这些天候发生时间从早到晚的顺序。

网上搜搜

《一场绿化北京的"人民战争"》（北京日报，作者：简汐）：http://www.xinhuanet.com/book/2017-03/27/c_129517316.htm

这篇报道讲述了北京的"人民绿化战争"，当时在绿化北京时种植了大量的杨柳树。

《风沙渐离北京城的背后》（新华社，记者：李斌 任峰 魏梦佳）：https://baijiahao.baidu.com/s?id=1636579194542887729&wfr=spider&for=pc

说明了北京治理风沙灾害的措施和发展方向。

《秋高气爽的天气奥秘》（中国气象报，实习记者：吴婷，记者：徐文彬）：http://www.cma.gov.cn/kppd/kppdrt/201609/t20160902_320777.html

揭秘秋天的好天气到底是怎么来的。

《北京"治霾"20年历程——专访清华大学环境学院院长贺克斌》（联合国新闻，记者：钱思文）：http://www.cma.gov.cn/kppd/kppdrt/201609/t20160902_320777.html

文章中提到了北京近年来治理雾霾的成果。

今天，你看 AQI 了吗？
书上瞅瞅

弓辉，王晗，梁婉，马幸，杨玲，郭锋.京津冀地区雾霾形成的因子分析 [J].中国环保产业，2020(11): 34-39.

毛小平，吴冲龙，辛广柱.北京市冬季空气污染来源及成因分析 [J].地学前缘，2017, 24(05): 434-442. DOI: 10.13745/j.esf.yx.2016-11-64.

周涛，汝小龙.北京市雾霾天气成因及治理措施研究 [J].华北电力大学学报（社会科学版），2012(02): 12-16.

陈飞.城市可吸入颗粒物的来源解析及二次有机气溶胶形成的研究 [D].南京理工大学，2014.

吕大器，陆思华，谭鑫，邵敏.典型地方炼化企业 VOCs 排放特征及其对二次污染生成的贡献 [J].环境科学研究，2021, 34(01): 103-113. DOI: 10.13198/j.issn.1001-6929.2020.11.22.

许昌日，朱法华，刘丹丹，史丽羽.基于污染物和气象要素的北京市雾霾影响因素分析 [J].电力科技与环保，2021, 37(01): 1-8.

网上搜搜

《环境空气质量标准（GB 3095—2012）》：http://www.mee.gov.cn/ywgz/fgbz/bz/bzwb/dqhjbh/dqhjzlbz/201203/t20120302_224165.shtml

该标准首次发布于 1982 年，1996 年第一次修订，2000 年第二次修订，此版本为第三次修订。

中国生态环境状况公报专栏：http://www.mee.gov.cn/hjzl/sthjzk/zghjzkgb/

该页面可以阅览 2006 年至今的由中华人民共和国生态环境部发布的《中国生态环境状况公报》。

天气后报网北京历史空气质量指数查询：http://www.tianqihoubao.com/aqi/beijing.html

记录了北京市 2013 年 10 月至今每天的各项污染物指数。

真气网全国风场气象辅合污染地图：https://map.zq12369.com/#

该网站在一张地图上实时展示了全国各监测点空气质量指数及六项污染物数值，并可根据风场预测一周内各监测点空气质量指数。

赏景
北京有多绿　群园荟萃
出去走走

身在其中才能领略公园的乐趣，本页介绍了这么多公园，选一些感兴趣的去转转吧！一年四季的景色可能都不一样哦。

书上瞅瞅

《北京志.园林绿化志：1991—2010》（北京市地方志编纂委员会，北京出版社，2018 年）对北京的区域绿地类型进行了分类与介绍，同时也收录了大量的公园、园林等基本信息。

网上搜搜

北京市园林绿化局官方网站：http://yllhj.beijing.gov.cn/

网站里有每一年度的城市绿化资源统计数据。

《北京市绿地系统规划（2004 年—2020 年）》：http://ghzrzyw.beijing.gov.cn/zhengwuxinxi/ghcg/zxgh/201912/t20191213_1165451.html

《北京市绿地系统规划（2004 年—2020 年）》是北京现有绿地系统的结构与布局的最初规划文件，在这里我们可以从城市规划的角度了解到人们对城市绿地的期望与影响。

北京市的很多公园都有自己的官网，方便大家快捷了解公园的地址、门票、景点以及近期活动信息。当然，除了官网外，在各种软件上的游客评论也是一个不错的参考。

皇帝如何逛公园？
出去走走

三山五园中，香山静宜园、万寿山清漪园（颐和园）、圆明园仍然可以进入；大家也可以找一找畅春园的遗迹。

书上瞅瞅

《今日宜逛园：图解皇家园林美学与生活》（朱强等 著，中国林业出版社，2019 年）一本关于三山五园的科普书，利用地图、图画、照片等讲述三山五园的设计、生活、后勤管理等内容。

《北京颐和园》（贾珺 著，清华大学出版社，2009 年）阐释了颐和园从清漪园的建造、乾隆年间的盛世风华、颐和园的重建，到如今成为景区的前世今生。

《北京古建筑地图（中册）》（王南等 著，清华大学出版社，2011 年）主要介绍东城、西城在二环路以外的部分以及海淀、朝阳、丰台、石景山等各区的历史建筑。

网上搜搜

故宫博物院数字文物库：https://digicol.dpm.org.cn/

数字文物库网站中可以浏览高清图画。

台北故宫博物院 Open Data 资料开放平台：https://theme.npm.edu.tw/opendata/

该平台可以下载到高清轴图、书画、图纸等。

我家有个园
出去走走

除了本页列举的目前现存私家园林以外，还有恭王府及花园、北京动物园内的继园等可以去实地看看。另外，北京大学、北京师范大学等校园内都藏有私家花园，等待大家去探幽。

中国园林博物馆，是中国第一座以园林为主题的国家级博物馆，全面展示了园林的历史价值和艺术魅力，特别是对北方平地园林、水景园林和山地园林有户外的展呈。并且，博物馆对北京私家园林的典型代表——半亩园进行了局部复建，还有栖霞山房、塔影别苑等多处典型北方园林实景。

书上瞅瞅

《北京私家园林志》（贾珺 著，清华大学出版社，2009 年）对北京历代私家园林的历史沿革、园林布局、造园手法、保护情况进行了详细的描绘，本页从中选取了 9 个典型园林进行展示。

网上搜搜

中国园林博物馆官网：http://www.gardensmuseum.cn/web/cgzn.html

可以云观展，还可以云游览半亩园等北方典型园林。

宋庆龄同志故居官网：http://www.sql.org.cn/gjjj/

网站介绍了醇王府花园的历史沿革和园林的布局特色。

燕京八景图
书上瞅瞅

《燕京八景》（高巍、孙建华 著，学苑出版社，2008 年）一书从命名、产生、历史、文化、传说等多个方面全面介绍了燕京八景，还延伸介绍了京郊十二个区县各自的八景。

北京绿道路线图
书上瞅瞅

《绿道规划·设计·开发》（洛林·LaB.施瓦茨 编，查尔斯·A.弗林克、罗伯特·M.西恩斯 著，余青、柳晓霞、陈琳琳 译，中国建筑工业出版社，2009 年）可以帮助你了解绿道创建的全过程，并尽可能地提供建立过程中的每一细节。

网上搜搜

北京市园林绿化局（首都绿化委员会办公室）"健康绿道"专题：http://yllhj.beijing.gov.cn/sdlh/jkld/

从这里可以了解到有关北京绿道的第一手官方政务信息与绿道最新建设情况。

《北京市级绿道系统规划总报告》：是北京绿道系统规划的指导书，其中第 5 章详细说明了北京各区县的绿道建设情况，查一查家门口的绿道修到哪儿了吧。

《北京健康绿道服务指南》：http://yllhj.beijing.gov.cn/sdlh/jkld/bjjkldfwzn/

包含了海淀二山五园绿道，环二环城市绿道，丰台园博园绿道等多条特色线路的详细地图导引和信息。

博物

京城花事

出去走走

国家植物园北区（原北京植物园，地址：海淀区香山路）和国家植物园南园（原中国科学院植物研究所北京植物园，地址：海淀区香山南辛村20号）是北京最主要的两个植物园，北京常见的植物这里都能看到。

除了两处植物园外，我们也推荐你在城市街头花坛、公园绿地、森林野外观察花朵。总之，多出去走走吧！

书上瞅瞅

《北京林业大学校园植物导览手册》（纭七柒，中国林业出版社，2016 年）详细记录了常见园林树木的花期，虽然每年实际情况不同，但可作为参考。

网上搜搜

植物智：http://www.iplant.cn/
在网上便可查阅中国植物志。

帝都绘公众号：北京观花笔记，里面有北京各种常见花卉的赏花攻略！

四季有景

出去走走

见"京城花事"。

书上瞅瞅

《园林树木 1600 种》（张天麟 著，中国建筑工业出版社，2010 年）中可以找到常见园林树木的简要介绍。

张楠，董丽，郝培尧，晏海，王阔，罗杨的论文《北京市中心城区行道树结构的研究》（中南林业科技大学学报，2014）中对北京中心城区的行道树进行了研究与介绍。

古树之都

出去走走

大部分的寺庙和园林都是"古树博物馆"，京

郊山林和古村落则可能散落着更古老的古树，探访它们需要做足功课。

书上瞅瞅

《树之声》（[日]阿南史代 著，生活·读书·新知三联书店，2007 年）帮助梳理了北京古树的物种多样性。

《北京古树名木散记》（北京市园林绿化局 编，莫容、胡洪涛著，燕山出版社，2009 年）确定了主要古树的位置信息。

网上搜搜

《东城古树名木档案》：http://www.bjdch.gov.cn/n3952/n4060/c10285744/content.html 对东城区的古树名木进行了统计说明。

《中国植物物种信息数据库》：http://db.kib.ac.cn/CNFlora/SearchEngine.aspx
数据库中可以查到中国植物的基本介绍与形态照片。

Timetree 数据库：http://www.timetree.org/
iTOL：Interactive Tree Of Life：https://itol.embl.de/
这两个数据库中可以根据你的需要查询和生成生物树。

《京津冀 16 万株古树将建信息库保护》（新京报，记者：信娜）：http://epaper.bjnews.com.cn/html/2016-04/20/content_631675.htm?div=0

《银杏长寿秘诀被发现》（科技日报，记者：李晨 吴锡平）：https://www.cas.cn/kj/202001/t20200116_4731768.shtml
这些文章介绍了古木相关的小知识。

在北京，不看鸟就可惜了！

书上瞅瞅

《中国鸟类观察手册》（刘阳、陈水华 主编，湖南科技出版社，2021 年）：本书中可以查到中国各种鸟类的地域分布以及彩绘特征图，是非常实用的观鸟宝典。

《常见野鸟图鉴·北京地区》（李强 著，机械工业出版社，2014 年）：本书涵盖了北京地区常见的 315 种野生鸟类，附有照片介绍了它们的相关特征。同时，也有各种鸟类在北京地区活动的时间及地理分布图及北京地区观鸟点简介，帮助"鸟友"与鸟类邂逅。

网上搜搜

百度百科：检索鸟类名称，可获得鸟类详细描述及它们的特写照。

中国野鸟图库：http://www.cnbird.org.cn/first_pc.html，检索鸟类名称，可以查询到鸟友们拍摄的该鸟种照片。

迁徙在路上

出去走走

天坛、颐和园、圆明园、奥林匹克森林公园、香山、百望山、国家植物园、十三陵水库、密云水库、松山、野鸭湖都是北京的特色观鸟点。

书上瞅瞅

《北京鸟类图鉴（第 2 版）》（赵欣如 主编，北京师范大学出版社，2014 年）从野外识别特征、形态特征、生态特征、分布和居留类型介绍了 400 多种鸟类。

网上搜搜

Birding Beijing：https://birdingbeijing.com/
该网站详细记录了北京雨燕和大杜鹃的迁徙动态。

一个北京人的昆虫标本图桌

出去走走

每一次散步都可以变成关于昆虫的科考活动，清晨的草丛和夜晚的路灯下，花一点时间慢慢习惯东张西望，就会发现昆虫是生物多样性的"最佳代言人"。周末时还可以去东灵山或是百花山这样海拔高差较大的山区，探索一个更大更完整的昆虫世界。

书上瞅瞅

《北京地区常见昆虫及其他无脊椎动物》（李竹、杨定、李枢强 主编，北京科学技术出版社，2011 年）提供了一份北京地区详细的昆虫名录。

《中国昆虫生态大图鉴》（张巍巍、李元胜 主编，重庆大学出版社，2011 年）收录了很多精美的昆虫生态照以供绘图参考。

网上搜搜

中国动物主题数据库：http://www.zoology.csdb.cn/

中国动物主题数据库是依据国内外相关动物学研究成果，以动物物种数据为主体内容建设的动物主题数据库系统和服务体系。

中国生物志库·动物：https://species.sciencereading.cn/biology/v/botanyIndex/122/DW.html
此数据库收录了中国动物资源 3.8 万余种，包括脊椎动物、无脊椎动物、昆虫等所有动物类群。记述了其形态特征、分类系统、地理分布、生态学资料等学术内容。

中国自然标本馆：http://www.cfh.ac.cn/
这个网站可以通过照片记录了物种的形态特征。

微博、豆瓣、公众号上有很多优秀的资源让我们在家也能看虫儿，比如《博物》杂志等。关注一些自然类的科普账号，是最简单的观察自然的方式。

动物园演化论

出去走走

本页中提到的北京动物园位于西城区西直门外大街 137 号，北京海洋馆位于海淀区气象路 6 号。如果想看到更具野趣的动物，在北京不妨去北京野生动物园看看（地址：大兴区榆垡镇万亩森林内），那里的环境更开阔。

书上瞅瞅

《北京动物园志》（杨小燕 主编、中国林业

出版社，2002）介绍了1995年以前北京动物园的发展历程。

《洋镜头：1909，北京动物园》（赵省伟主编，吴志远编，广东旅游出版社，2020）和《北京动物园史画》（北京动物园管理处）通过影像图片，记录了动物园珍贵的历史资料。

网上搜搜

《CCTV老故事：北京动物园》：https://www.bilibili.com/video/av11945087/

这一节目介绍了北京动物园的发展。

北京动物园：http://www.beijingzoo.com/into zoo/magazine.html

北京动物园的园刊可以了解关于动物园的新动态。

北京人的宠物
书上瞅瞅

[1] 李刚.金鱼的观赏[J].北京水产，1998(01)：23.

网上搜搜

北京电视台生活频道《北京话说北京》节目（2012年8月21日）：https://v.youku.com/v_show/id_XOTUyMTkzODk2.html

告诉你老北京人是怎么玩鸟的。

《2020年中国宠物行业发展报告》：https://www.pethadoop.com/

展示了中国宠物市场的方方面面，里面有各类宠物的规模和变化情况。

《金鱼的观赏》：https://kns.cnki.net/kcms/detail/detail.aspx?dbcode=CJFD&dbname=CJFD9899&filename=BJSI199801014&v=6RkRE6MTOrSQw4lY0fr%25mmd2B3gOAtWAd6WwN3fJ3T6WLWTxiLwlVl5CrHMWilKLujiso

教你如何科学地欣赏金鱼。

大都市，微居民
书上瞅瞅

Atlas of Oral Microbiology: From Healthy Microflora to Disease（Elsevier，2015年）第4章中介绍了龈下微生物的知识。

Spieck, E., Ehrich, S., Aamand, J., & Bock, E. (1998). Isolation and immunocytochemical location of the nitrite-oxidizing system in Nitrospira moscoviensis. Archives of microbiology, 169(3), 225-230.

Gao, L., Zhou, Z., Chen, X., Zhang, W., Lin, M., & Chen, M. (2020). Comparative proteomics analysis reveals new features of the oxidative stress response in the polyextremophilic bacterium Deinococcus radiodurans. Microorganisms, 8(3), 451.

Ding, L. J., Zhou, X. Y., & Zhu, Y. G. (2020). Microbiome and antibiotic resistome in household dust from Beijing, China. Environment international, 139, 105702.

Kuo, I., Saw, J., Kapan, D. D., Christensen, S., Kaneshiro, K. Y., & Donachie, S. P. (2013). Flavobacterium akiainvivens sp. nov., from decaying wood of Wikstroemia oahuensis, Hawai'i, and emended description of the genus Flavobacterium. International journal of systematic and evolutionary microbiology, 63(Pt_9), 3280-3286.

网上搜搜

MicrobeWiki: https://microbewiki.kenyon.edu/index.php/MicrobeWiki

一个微生物的百科网站。

science photo library: https://www.sciencephoto.com/

该网站提供微生物显微镜下的影像图片。

The World's Toughest Bacterium: http://www.genomenewsnetwork.org/articles/07_02/deinococcus.shtml

Acholeplasma laidlawii: potential process contaminant of cell culture media: https://www.biomerieux-industry.com/en-us/nodc/1435

A Year In Space: Researchers Found Mighty Microbe Has Survived Life Outside of the ISS: https://www.techtimes.com/articles/254000/20201109/year-space-researchers-found-mighty-microbe-survived-life-outside-iss.htm

这些科普文章中介绍了一些关于微生物的有趣小知识。

一棵大白菜的旅程
出去走走

新发地农产品批发市场位于丰台区南苑西路，在这里可以通过商贩获得更新的农产品物流和价格信息，刚刚开业的另一家一级批发市场，鲜活农产品流通中心位于朝阳区黑庄户地区。在你的居住地附近转一转，你很可能会发现一些新零售配送网点。

网上搜搜

公众号"北京e追溯"及小程序，可以追溯蔬菜等重要农产品的流通信息。

《北京推进农产品批发市场建设，规划4个一级批发市场》（新京报，作者：刘欢）：http://www.moa.gov.cn/xw/qg/202201/t20220110_6386598.htm

解读了《北京市"十四五"时期农产品流通体系发展规划》相关政策。

北京新发地：http://www.xinfadi.com.cn/priceDetail.html

可以查询新发地市场所集散的农产品的产地和最新价格。

作者介绍

帝都绘工作室成立于2016年5月,是一个年轻的根植于北京的设计创意团队,致力于关于城市的研究、设计和公众传播。工作室的项目涵盖信息可视化设计、城市研究、空间设计、绘本制作及城市科普教育等多个领域。帝都绘希望通过翔实的调查研究,揭示城市背后那些有趣的、少为人知而又与人普遍相关的冷知识和小道理。这些知识会以图解的形式呈现,在直观具象的同时,不失细节,同时赏心悦目,是带领读者重新观察这座城市的理想方式。

参与本书策划、设计和绘制的作者们(共27位):
李明扬、宋壮壮、卓嘉琪、张琎、李笑涵、李瑞、陈彦霖、沈相宜、周宇恒、朱胤多、王宏伟、戴月文、钱高洁、宿佳境、冯一帆、郭淑静、张博浩、朱继威、张静雯、杨雨晴、吕玥明、王伯惟、牟元彪、王子豪、廖佳妍、司雨田、王卓

致谢

本书的成功出版,离不开来自社会各界朋友们的支持、关心和帮助。感谢植物设计师蔡妤对北京常见草本花卉提供的资料支持;感谢来自北京飞羽的布昕辰、李佳侬、薛嘉祈、薛劭翀,针对北京鸟类、昆虫、植物及宠物内容提出的知识建议;感谢派读宠物行业大数据平台团队,为我们提供了《2021年中国宠物行业白皮书》有关资料;还要感谢李晴宇、王臻真和齐小美,他们为本书内容的策划提出了很棒的建议!感谢中国国家地理·图书团队的乔琦及她的伙伴们,没有你们的仔细编辑,《京城绘·山川风物》将难以以这样的面貌呈现于世。

最后,还要感谢所有帝都绘的粉丝们,《京城绘·山川风物》的成功面世离不开你们持续不断的"催更",以及对帝都绘一如既往的支持!

图书在版编目（CIP）数据

京城绘. 山川风物：图解北京的自然／帝都绘工作
室著. — 北京：北京联合出版公司, 2023.5
  ISBN 978-7-5596-6782-3

  Ⅰ. ①京… Ⅱ. ①帝… Ⅲ. ①北京－概况－图集

Ⅳ. ①K921-64

    中国国家版本馆CIP数据核字(2023)第049053号

审图号：京S（2023）002号

京城绘·山川风物——图解北京的自然

作　　者：帝都绘工作室
出 品 人：赵红仕
策　　划：北京地理全景知识产权管理有限责任公司
策划编辑：乔　琦
责任编辑：牛炜征
特约编辑：陈　莹
营销编辑：王思宇　沈晓雯
装帧设计：何　睦
特约印制：焦文献
制　　版：北京美光设计制版有限公司

北京联合出版公司出版
（北京市西城区德外大街83号楼9层　100088）
北京联合天畅文化传播公司发行
北京华联印刷有限公司印刷　新华书店经销
字数：150千字　889毫米×1194毫米　1/16　印张：5.5
2023年5月第1版　2023年5月第1次印刷
ISBN 978-7-5596-6782-3
定价：88.00元